책이 예쁘다고 너무 곱게 다루진 마세요.
마르고 닳도록 써 보고 말해 보세요.

영어연산 훈련

SENTENCE BUILDING

영어연산훈련 7

저자 박광희 · 캐나다 교사 영낭훈 연구팀 지음
초판 1쇄 인쇄 2015년 6월 17일　**초판 1쇄 발행** 2015년 6월 24일

발행인 박효상　**총괄 이사** 이종선　**편집장** 김현　**기획 · 편집** 박혜민　**디자인책임** 손정수
디자인 · 조판 the PAGE 박성미　**삽화** 이소라
마케팅 이태호, 이전희　**디지털콘텐츠** 이지호　**관리** 김태옥

종이 월드페이퍼　**인쇄 · 제본** 현문자현

출판등록 제10-1835호　**발행처** 사람in　**주소** 121-839 서울시 마포구 양화로 11길 14-10 4F
전화 02) 338-3555(代)　**팩스** 02) 338-3545　**E-mail** saramin@netsgo.com
Homepage www.saramin.com

책값은 뒤표지에 있습니다.
파본은 바꾸어 드립니다.

ⓒ 박광희 2015

ISBN
978-89-6049-554-8　14740
978-89-6049-451-0 (set)

사람이 중심이 되는 세상, 세상과 소통하는 책 사람in

영어연산 훈련

SENTENCE BUILDING

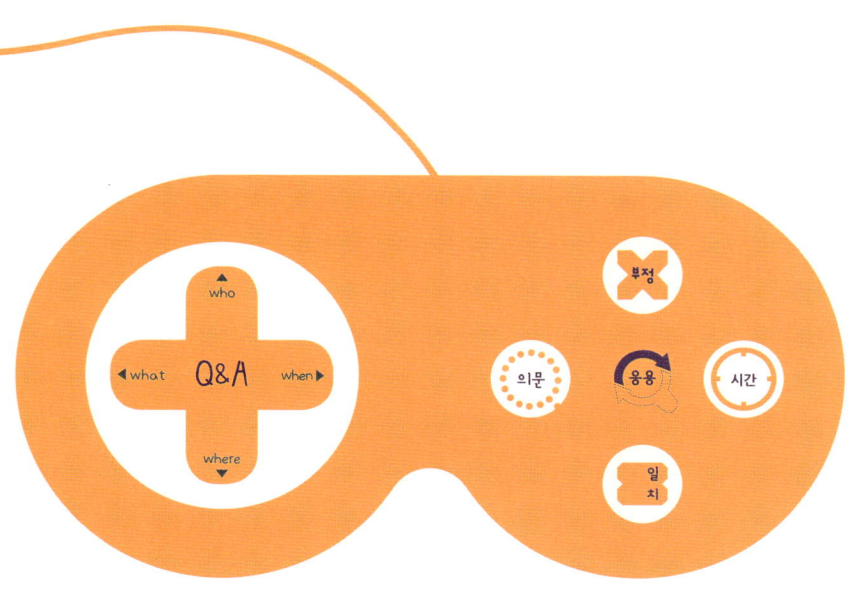

7. 의문문 만들기

영어에도
5칙 연산 훈련이
필요하다!

수학에는 연산 훈련이 있다!

왜 미국과 캐나다 사람들은 간단한 암산을 할 때도 계산기를 쓸까요? 머리가 나빠서 계산기 없이는 셈을 못하는 것일까요? 그 이유는 바로, 북미에서는 수학 연산 훈련을 가르치지 않기 때문입니다. 결코 거기 사람들이 머리가 나쁘거나 계산 능력이 떨어져서가 아니에요. 그래서 우리는 암산 능력을 키워 주신 선생님과 부모님께 감사해야 해요. 꾸준히 수학 연산 훈련을 시켜 주신 덕분에 북미 사람들보다 더 빠르고 정확하게 계산할 줄 알게 된 것이니까요.

영어에도 연산 훈련이 필요하다!

수학은 빠르게 암산을 할 수 있도록 꾸준히 연산 훈련을 해왔어요. 하지만 영어는 문법과 단어를 외워서 문제만 풀었지 암산처럼 입에서 자동으로 나오게 하는 훈련을 안 했어요. 문법이 머리에서 맴돌고 금방 입으로 나오지 않는 건 능력이 없어서가 아니라 훈련이 부족했기 때문이에요.

이것은 실험으로도 증명돼요. 'Bobrow & Bower'는 한 집단에게는 이미 만들어진 문장을 외우게 했고, 다른 한 집단에게는 주어와 목적어를 주고 문장을 스스로 만들도록 했어요. 그 결과 주어진 문장을 암기한 집단은 29%가 문장을 다시 생각해 낸 반면, 주어와 목적어를 가지고 직접 문장을 만든 집단은 58%가 다시 그 문장을 기억해 냈어요. 외운 것은 금방 까먹지만 스스로 만든 것은 훨씬 기억에 오래 남는다는 거지요.

영어 5칙 연산

캐나다에 7년째 살면서도 영어를 두려워하던 제 아내 이야기를 해볼게요. 한국에서 영어를 공부한 누구나가 그러하듯 아내 역시 영어가 머리에 둥둥 떠다니고 입으로 나오는 데는 한참이 걸렸어요. 말하는 사람도 답답하고 듣는 사람도 지치고……. 자신감도 점점 잃었지요. 그래서 저는 문법의 문장 적용 능력을 키우기 위한 다섯 가지 규칙을 생각해 냈어요.

수학의 기본 요소인 × ÷ + − 사칙을 이용한 연산 훈련처럼 영어 문법의 기본 요소인 다섯 가지 규칙을 찾아낸 거죠. 이 다섯 가지 규칙을 활용해 꾸준히 영어 연산 훈련을 하면 암산하는 것처럼 빠르게 문장으로 말할 수 있어요. 그렇게 문장을 만들 줄 안다면 언제든 그 문장은 입으로 '툭'하고 나올 거예요.

누구에게나 효과 만점인 '영어 연산'

어학원을 운영하면서 저는 '영어 연산 훈련'의 효과를 더욱 믿게 되었어요. 제가 영어를 사용할 기회가 없는 한국인들에게 권하는 게 낭독과 암송이에요. 영어 문장을 내 몸에 체화시켜 스피킹이 폭발적으로 터지게 하는 학습법이지요. 영어를 사용할 기회가 없는 한국적 상황에 참 좋은 방법이에요.

그런데 기초가 없는 학생들에게는 이게 쉽지 않았어요. 문장을 통해 자연스럽게 어순을 익혀 응용하기까지 생각보다 많은 시간이 걸리는 것이었어요. 그래서 저는 앞서 말한 다섯 가지 규칙으로 조금씩 문법 훈련을 시켜 보았고 결과는 성공! 낭독과 암송을 문법이 받쳐 주니 말문이 터지기 시작하더라고요.

영어 연산 = 문법 다이어트

사람들은 문법을 획일적인 것으로 보는 경향이 있어요. 사실 '독해를 위한 문법'과 '말하기·쓰기를 위한 문법'은 학습 방법이 달라야 한다고 생각해요. 독해란 글로 쓰인 문장들을 해석하는 것이고 말하기는 대화를 위해 즉시 문장을 만드는 작업이니까요. 우리가 독해를 통해 배우는 문장들은 대부분 길고, 또 외국인을 위한 한국어 책처럼 어색한 것들도 많아요. 실생활에서 말하거나 쓸 때 그다지 사용하지 않는 문법 규칙들이 수두룩하죠. 따라서 '영어 연산 훈련'의 효과를 높이려면 말하기에 꼭 필요하고 자주 쓰이는 문법 규칙들을 선별하여 학습해야 해요.

영어 말문이 터지는 교재 『영어 연산 훈련』

그런데 이런 '영어 연산 훈련'의 조건에 맞는 교재를 찾기가 힘들었어요. 그래서 캐나다의 현직 교사들과 팀을 이루어 총 7권의 시리즈로 목차와 구성을 짜고 기획 의도에 알맞은 영어 문장들을 선별하는 작업을 했어요. 말하기에 유용한 문법을 꾸준히 익혀 실생활에서 직관적 문장으로 말할 수 있게 한 혁신적인 영어 학습 과정, 『영어 연산 훈련』은 그렇게 탄생했어요.

Just Do It!

영어 학습에 있어서 최고의 지혜이자 학습법은 Just Do It!이에요. 문법을 머릿속 기억에 그치지 않고 입으로 나오도록 훈련하는 것만이 유창한 영어에 이르는 힘들지만 확실한 길이에요. 부디 독자 여러분의 꿈이 이루어지기를 기원합니다!

캐나다에서 '꿈둥이' 박광희

이 책의 순서

unit 01	001-014	Who	pp.19~35
unit 02	015-024	Whose	pp.37~48
unit 03	025-038	When	pp.49~65
unit 04	039-052	Where	pp.67~83
unit 05	053-066	What	pp.85~101
unit 06	067-078	Which	pp.103~117
unit 07	079-092	Why	pp.119~135
unit 08	093-106	How	pp.137~153
unit 09	107-120	How old[often · many · much · long]	pp.155~171

이 책의 활용

이 책에는 영어 연산 훈련에 적합한 문법을 담은 120개의 대표 문장이 실려 있습니다. 캐나다 현지 교사들이 초보 학습자가 문법 개념을 잘 이해할 수 있도록 고안한 문장들입니다. 이 120문장을 영어 연산 5칙에 따라 나만의 문장으로 만드는 연습을 해 보세요. 영어 연산 5칙에 따라 스스로 문장을 만드는 과정을 통해 자연스럽게 문법이 체화됩니다.

문법을 빠르게 연산하여 바로 바로 말하는 것을 목표로 훈련을 시작해 보세요!

STEP 1
눈으로 암기하는 문법 개념
영어 연산 훈련을 하기 위해 필요한 문법 개념을 알아봅니다.
문법은 단어를 어떻게 배열할 지에 대한 가이드로 문장의 의미는 단어 배열에 따라 달라집니다. 예문을 여러 번 따라 읽으며 정확한 단어의 순서를 익히세요.

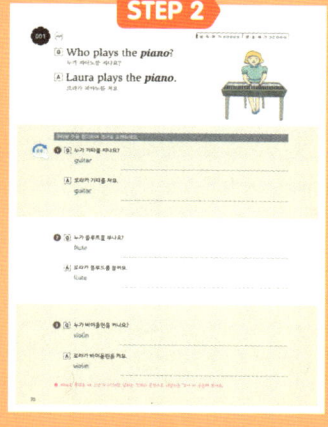

STEP 2
손으로 체화하는 문법 훈련
앞에서 배운 문법을 활용해 문장을 만들어 봅니다.
먼저, 손으로 쓰면서 문장을 완성하세요. 영어 5칙 연산 훈련에 따라 스스로 문장을 만드는 꾸준한 연습이 문법을 체화시켜 줍니다.
그 다음에, 각 문장을 5번씩 낭독하기(음원을 따라 읽기)와 암송하기(외워 말하기)를 하며 입으로도 훈련해 봅니다. 실전 말하기에서 바로 바로 연산할 수 있도록 충분히 훈련하세요.

STEP 3 Review
입으로 확인하는 영어 연산
그림을 보고 그동안 배운 대표 문장을 입으로 만들어 봅니다.
말하기 전에 문법을 머리로 생각하는 과정을 생략할 수 있을 때까지 영어 연산을 연습하세요. 꾸준한 영어 연산으로 문법이 문장으로 한방에 나올 수 있어야 비로소 훈련을 마칠 수 있습니다.

정답 및 MP3 파일은 www.saramin.com에서 다운로드 받으실 수 있습니다.

영어!
공부법이 알고 싶다.

① 영어는 공부가 아닌 훈련을 해야 한다.

지식에는 두 가지 종류가 있습니다. 배움을 통해 얻어지는 **명시적 지식**과 익힘을 통해 알게 되는 **암묵적 지식**이 있습니다. 명시적 지식은 수학이나 과학 같이 사실을 암기하거나 논리적 추론으로 이해하는 지식으로 머리를 사용해 배웁니다. 한편, 암묵적 지식은 운동이나 악기처럼 반복적인 훈련을 통해 몸으로 체득하는 지식입니다.

그럼 영어는 명시적 지식에 속할까요? 암묵적 지식에 속할까요?

그동안 우리는 문법과 단어를 외우고 또 외우면서 영어를 암기했습니다. 하지만 놀랍게도 뇌 과학자들은 영어가 암묵적 지식이라고 말합니다. 뇌 영상 연구를 보면 암묵적 지식과 명시적 지식은 뇌의 다른 부분을 사용한다고 합니다. 수학을 공부할 때는 뇌의 다양한 부위를 사용하여 논리적인 추론을 하지만, 언어를 사용할 때의 뇌는 특정 부위만을 사용하는 것입니다.

② '영어 낭독 훈련'과 '영어 암송 훈련'이 답이다.

우리가 문법을 아무리 완벽하게 암기하고 단어를 많이 알아도, 영어를 틀린 방법으로 공부했기 때문에 지금까지 영어로 말하기 힘들었던 것입니다.

아기들이 한국어를 배우는 과정을 살펴볼까요? 옹알이로 시작해 돌 무렵이면 주위 사람들이 하는 말을 듣고 계속 따라 하다가 말문이 트이면 자유자재로 말하게 됩니다. 여기서 중요한 건 듣고 또 듣고 따라 한다는 거죠.

영어도 이처럼 자연스럽게 체화하면 제일 좋겠지만 그러기에 불가능한 환경입니다. 그래서 영어 노출이 거의 없는 한국의 상황에서 **'영어 낭독 훈련'과 '영어 암송 훈련'은 영어를 자유자재로 구사할 수 있게 해주는 비법**입니다. 녹음된 외국인의 음성을 듣고 따라 말하는 훈련을 통해 발음과 억양, 리듬감을 정확하게 익히게 됩니다. 영어 문장이 내 몸처럼 익숙해질 때까지 입으로 암송하면 우리가 국어 문법을 배우지 않아도 문법에 맞는 한국어를 할 수 있는 것처럼 영어도 말할 수 있게 됩니다.

③ '영어 낭독 훈련'과 '영어 암송 훈련'에 '영어 연산'을 더하라.

'영어 낭독 훈련'과 '영어 암송 훈련'도 단점이 있습니다. 기본기가 없거나 언어 감각이 부족한 학생들은 내 몸이 기억해서 어느 순간 폭발적으로 스피킹이 터지기까지 너무 많은 시간이 걸립니다.

그때 문법이라는 가이드가 영어를 좀 더 쉽게 체화할 수 있도록 도와줄 수 있습니다. 문법을 알고 암송을 하면 문장을 받아들이는 속도가 빨라집니다. 수영법을 모르고 물에 들어가면 허우적대지만, 수영법을 배우고 물에 들어가면 빨리 뜰 수 있습니다. 이론을 배우면 실전에서 능률이 오르기 마련이지요.

하지만 시중의 영어 문법서들은 대부분 독해와 시험을 위한 문법서입니다. 문법 설명을 외우는 것은 의사소통을 위한 언어 훈련법으로 맞지 않습니다. 그래서 우리는 『**영어 연산 훈련**』이라는 **훈련용 문법서**를 개발했습니다. '수학 4칙 연산 훈련'이 셈을 빠르게 해주는 것처럼 『영어 연산 훈련』은 문법을 직관적으로 문장에 적용하고 곧바로 말로 나오게 훈련시켜 줍니다.

일치, 시간, 의문, 부정, 응용의 '영어 5칙'은 모든 영어 문장에 들어있는 기본 뼈대입니다. 다섯 가지 법칙을 적용하여 쓰고 말하는 훈련을 꾸준히 한다면, 몸이 문법을 기억하는 동시에 문법 응용 능력이 생겨 스스로 문장을 만들 수 있게 될 것입니다.

『영어 연산 훈련』으로 '머릿속에 머무는 문법'이 문장이 되어 입으로 나오게 해보세요.

영어 연산 훈련을
하기 전에 ...

단어를 성격에 따라 구분해 봅시다.

- 움직임(動)이나 상태를 나타내는 말(詞)이에요.
- 문장의 핵심이에요.
- 인칭, 수, 시제를 나타내요.
  I <u>am</u> Judy Kim. 나는 주디 킴이다.
  → 1인칭, 단수, 현재 시제
- 뒤에 무엇이 올지 결정해요.
  He <u>kept</u> me waiting. 그가 나를 기다리게 했다.
  → 타동사로 목적어 필요

- 이름(名)을 나타내는 말(詞)이에요.
- 셀 수 있는 명사와 셀 수 없는 명사로 나눌 수 있어요.
  ① **셀 수 있는 명사**
    · 두루 쓰이는 일반적인 것의 이름 car, socks, shoes
    · 모임·집단의 이름 family, class, police
  ② **셀 수 없는 명사**
    · 특정한 사람이나 사물의 이름 Sumi, the Han River
    · 정해진 모양이 없는 것의 이름 sugar, salt, juice
    · 눈에 보이지 않는 추상적인 것의 이름 love, friendship

3 대명사
- 명사(名)를 대신(代)하는 말(詞)이에요.
  <u>Sumi</u> is my friend. <u>She</u> is smart. 수미는 내 친구다. 그녀는 똑똑하다.

4 형용사
- 모양(形)이나 모습(容)을 나타내는 말(詞)이에요.
- 명사를 꾸미거나 술어에 의미를 더해요.

She has a <u>red</u> car. 그녀는 빨간 자동차가 있다.
I am <u>happy</u>. 나는 행복하다.

- 옆에서 도와(副)주는 말(詞)이에요.
- 동사, 형용사, 다른 부사, 문장 전체를 꾸며요.

I am <u>very</u> happy. 나는 정말 행복하다.

- 앞(前)에 두는(置) 말(詞)이에요.
- 명사나 대명사 앞에서 방향, 시간, 장소, 상태를 나타내요.

A bird is <u>on</u> my arm. 새가 내 팔 위에 있다.

- 서로 맞대어 이어주는(接續) 말(詞)이에요.
- 단어와 단어, 문장과 문장을 연결해요.

Kevin <u>and</u> I are friends. 케빈과 나는 친구이다.

문장을 구성하는 요소를 알아봅시다.

주어	문장의 주체가 되는 말로 문장 필수 요소	→ 명사, 대명사
술어	주어에 대해 서술하는 말로 문장 필수 요소	→ 동사
목적어	술어의 목적이 되는 말	→ 명사, 대명사 등
보어	동사를 보충하는 말	→ 명사, 대명사, 형용사 등
수식어	주어, 동사, 목적어, 보어를 꾸며 주는 말	→ 형용사나 부사에 속하는 말

He can play the piano very well. 그는 피아노를 매우 잘 칠 수 있다.
▼   ▼   ▼   ▼
주어 술어   목적어   수식어

이 책의
학습 진도표

📖 **표준 학습 진도표** 하루에 한 과씩 학습하고 리뷰로 복습하세요.

날짜	월 일	월 일	월 일	월 일	월 일	월 일
진도	**Unit 01** Who	**Review** 001~014	**Unit 02** Whose	**Review** 015~024	**Unit 03** When	**Review** 025~038
자기 평가	☆☆☆☆☆	☆☆☆☆☆	☆☆☆☆☆	☆☆☆☆☆	☆☆☆☆☆	☆☆☆☆☆
날짜	월 일	월 일	월 일	월 일	월 일	월 일
진도	**Unit 04** Where	**Review** 039~052	**Unit 05** What	**Review** 053~066	**Unit 06** Which	**Review** 067~078
자기 평가	☆☆☆☆☆	☆☆☆☆☆	☆☆☆☆☆	☆☆☆☆☆	☆☆☆☆☆	☆☆☆☆☆
날짜	월 일	월 일	월 일	월 일	월 일	월 일
진도	**Unit 07** Why	**Review** 079~092	**Unit 08** How	**Review** 093~106	**Unit 09** How old [often · many · much · long]	**Review** 107~120
자기 평가	☆☆☆☆☆	☆☆☆☆☆	☆☆☆☆☆	☆☆☆☆☆	☆☆☆☆☆	☆☆☆☆☆

📖 나의 학습 진도표 하루에 공부할 분량을 스스로 정하고, 목표를 꼭 지키세요.

날짜	월 일	월 일	월 일	월 일	월 일
진도					
자기 평가	☆☆☆☆☆	☆☆☆☆☆	☆☆☆☆☆	☆☆☆☆☆	☆☆☆☆☆
날짜	월 일	월 일	월 일	월 일	월 일
진도					
자기 평가	☆☆☆☆☆	☆☆☆☆☆	☆☆☆☆☆	☆☆☆☆☆	☆☆☆☆☆
날짜	월 일	월 일	월 일	월 일	월 일
진도					
자기 평가	☆☆☆☆☆	☆☆☆☆☆	☆☆☆☆☆	☆☆☆☆☆	☆☆☆☆☆
날짜	월 일	월 일	월 일	월 일	월 일
진도					
자기 평가	☆☆☆☆☆	☆☆☆☆☆	☆☆☆☆☆	☆☆☆☆☆	☆☆☆☆☆
날짜	월 일	월 일	월 일	월 일	월 일
진도					
자기 평가	☆☆☆☆☆	☆☆☆☆☆	☆☆☆☆☆	☆☆☆☆☆	☆☆☆☆☆

> **Tell me, and I'll forget.
> Teach me, and I may remember.
> Involve me, and I learn.**
>
> - Benjamin Franklin

말해 주면 잊어버려요.
보여주면 기억할 수도 있겠죠.
내가 하면 깨달아요.

Benjamin Franklin 벤자민 프랭클린 1706~1790
출판업자이자 정치가, 과학자, 미국 건국의 아버지로 100달러 지폐에 초상화가 새겨져 있다.

UNIT 01 Who

시작 월 일 :
마침 월 일 :

☆ | 의문사 | 동사 | 목적어 ~? |

Who *washes the window?* (Who: 주어)
누가 창문을 닦나요?

| 의문사 | 동사 | 주어 ~? |

Who *is the best player?* (Who: 보어)
최고의 선수는 누구인가요?

| 의문사 | 조동사 | 주어 | 동사 ~? |

Who *do you like?* (Who: 목적어)
당신은 누구를 좋아하나요?

| 의문사 | 조동사 | 주어 | 동사 ~? |

Who *does he play with?* (Who: 목적어)
그는 누구와 놀죠?

의문사는 문장의 맨 처음에 놓여 의문문을 만듭니다. 의문사 Who는 '누구'라는 뜻으로 사람에 대해 물어볼 때 쓰며 문장에서 주어, 보어, 목적어가 됩니다.

 Whom은 무엇인가요?
예전 문법책에서는 동사나 전치사의 목적어로 Whom을 써야 한다고 했어요. 하지만 실제로 Whom을 쓰는 경우는 거의 없고 대부분 Who로 쓴답니다.

낭·독·하·기 ☐☐☐☐☐   암·송·하·기 ○○○○○

Q **Who plays the *piano*?**
누가 피아노를 치나요?

A **Laura plays the *piano*.**
로라가 피아노를 쳐요.

우리말 뜻을 참고하여 영어로 표현하세요.

❶ Q 누가 기타를 치나요?
   guitar

  A 로라가 기타를 쳐요.
   guitar

❷ Q 누가 플루트를 부나요?
   flute

  A 로라가 플루트를 불어요.
   flute

❸ Q 누가 바이올린을 켜나요?
   violin

  A 로라가 바이올린을 켜요.
   violin

✱ Who로 물었을 때 그냥 누구인지만 답하는 것보다 문장으로 대답하는 것이 더 공손해 보여요.

Q Who dusts the *furniture*?
누가 가구의 먼지를 터나요?

A *My brother dusts* the *furniture*.
우리 형이 가구의 먼지를 털어요.

우리말 뜻을 참고하여 영어로 표현하세요.

❶ **Q** 누가 소파의 먼지를 터나요?
sofa

A 그녀가 소파의 먼지를 털어요.
She

❷ **Q** 누가 탁자의 먼지를 터나요?
table

A 그의 누나가 탁자의 먼지를 털어요.
His sister

❸ **Q** 누가 의자들의 먼지를 터나요?
chairs

A 우리 부모님이 의자들의 먼지를 털어요.
My parents

● dust 먼지, 먼지를 털어내다 • Who는 단수로 취급해서 뒤에 오는 동사의 현재형은 항상 -(e)s가 붙어요.

Q **Who wrote the *essay*?**
누가 그 에세이를 썼나요?

A ***William* wrote the *essay*.**
윌리엄이 그 에세이를 썼어요.

우리말 뜻을 참고하여 영어로 표현하세요.

❶ Q 누가 그 소설을 썼나요?
novel

A 우리 삼촌이 그 소설을 썼어요.
My uncle

❷ Q 누가 그 시를 썼나요?
poem

A 우리 선생님이 그 시를 썼어요.
My teacher

❸ Q 누가 그 기사를 썼나요?
article

A 찰스가 그 기사를 썼어요.
Charles

✽ write …을 쓰다 (write – wrote – written)

낭·독·하·기 ☐☐☐☐☐ | 암·송·하·기 ○○○○○

Q Who will book the *tickets*?
누가 표들을 예매할 건가요?

A *I* will book the *tickets*.
제가 표들을 예매할 거예요.

우리말 뜻을 참고하여 영어로 표현하세요.

❶ Q 누가 식당을 예약할 건가요?
restaurant

A 우리 아버지가 식당을 예약할 거예요.
My father

❷ Q 누가 호텔을 예약할 건가요?
hotel

A 제이콥이 호텔을 예약할 거예요.
Jacob

❸ Q 누가 항공편을 예약할 건가요?
flight

A 그녀 친구 린다가 항공편을 예약할 거예요.
Her friend Linda

● 「will+동사원형」 …할 것이다 • book …을 예약하다 • flight 비행, 항공편

005

낭·독·하·기 ☐☐☐☐☐ 암·송·하·기 ○○○○○

Q **Who's coming for *dinner*?**
누가 저녁 식사에 올 건가요?

A ***My aunt is* coming for *dinner*.**
우리 이모가 저녁 식사에 올 거예요.

우리말 뜻을 참고하여 영어로 표현하세요.

1 Q 누가 점심 식사에 올 건가요?
lunch

A 우리 외삼촌이 점심 식사에 올 거예요.
My uncle

2 Q 누가 아침 식사에 올 건가요?
breakfast

A 우리 이모와 외삼촌이 아침 식사에 올 거예요.
My aunt and uncle

3 Q 누가 간식 먹으러 올 건가요?
snacks

A 레이첼이 간식 먹으러 올 거예요.
Rachel

❋ 현재진행형은 가까운 미래에 일어날 일을 나타내기도 해요. • Who is는 Who's로 축약해서 쓸 수 있어요.

낭·독·하·기 ☐☐☐☐☐ | 암·송·하·기 ○○○○○

Q Who is going to teach *you* French?
누가 당신에게 불어를 가르쳐줄 건가요?

A ***My brother is*** going to teach ***me*** French.
우리 형이 제게 불어를 가르쳐 줄 거예요.

우리말 뜻을 참고하여 영어로 표현하세요.

1 **Q** 누가 그에게 불어를 가르쳐 줄 건가요?
him

A 제가 그에게 불어를 가르쳐 줄 거예요.
I

2 **Q** 누가 윌리엄에게 불어를 가르쳐 줄 건가요?
William

A 그가 윌리엄에게 불어를 가르쳐 줄 거예요.
He

3 **Q** 누가 그녀에게 불어를 가르쳐 줄 건가요?
her

A 제이콥이 그녀에게 불어를 가르쳐 줄 거예요.
Jacob

● 「be going to+동사원형」 …할 것이다(이미 계획된 일을 말할 때 써요.) ● teach A B A에게 B를 가르쳐 주다

낭·독·하·기 ☐☐☐☐☐ 암·송·하·기 ○○○○○

Q **Who *was standing* in line?**
누가 줄을 서 있었나요?

A ***My friends were standing* in line.**
제 친구들이 줄을 서 있었어요.

우리말 뜻을 참고하여 영어로 표현하세요.

❶ Q 누가 줄을 섰나요?
　　과거
　　_____

　A 제 친구 둘 다 줄을 섰어요.
　　Both my friends _____

❷ Q 누가 줄을 서 있나요?
　　현재진행
　　_____

　A 린다와 그녀의 친구가 줄을 서고 있어요.
　　Linda and her friend _____

❸ Q 누가 줄을 설 건가요?
　　미래 (will)
　　_____

　A 린다와 그녀의 친구들이 줄을 설 거예요.
　　Linda and her friends _____

❀ stand in line 줄을 서다 • both 둘 다(의)

낭·독·하·기 ☐☐☐☐☐ | 암·송·하·기 ○○○○○

Q **Who is your favorite *singer*?**
당신이 가장 좋아하는 가수는 누구예요?

A ***Michael Jackson*** **is my favorite *singer*.**
마이클 잭슨이 내가 가장 좋아하는 가수예요.

우리말 뜻을 참고하여 영어로 표현하세요.

1 Q 당신이 가장 좋아하는 배우는 누구예요?
actor

A 로버트 다우니 주니어가 내가 가장 좋아하는 배우예요.
Robert Downey Jr.

2 Q 당신이 가장 좋아하는 작가는 누구예요?
writer

A 앨리스 먼로가 내가 가장 좋아하는 작가예요.
Alice Munro

3 Q 당신이 가장 좋아하는 축구 선수는 누구예요?
soccer player

A 크리스티아누 호나우두가 내가 가장 좋아하는 축구 선수예요.
Cristiano Ronaldo

🌸 **favorite** 가장 좋아하는, 마음에 드는 • **one's favorite ~** …가 가장 좋아하는 ~ • 「단어+'s」로 '~의'라는 소유의 의미를 나타내죠.

Q **Who is the *tallest* in the class?**
누가 반에서 가장 키가 큰가요?

A ***Charles* is the *tallest* in the class.**
찰스가 반에서 가장 키가 커요.

우리말 뜻을 참고하여 영어로 표현하세요.

❶ Q 누가 반에서 가장 똑똑한가요?
smartest

A 윌리엄이 반에서 가장 똑똑해요.
William

❷ Q 누가 반에서 가장 키가 작은가요?
shortest

A 로라가 반에서 가장 키가 작아요.
Laura

❸ Q 누가 반에서 가장 빠른가요?
fastest

A 제이콥이 반에서 가장 빨라요.
Jacob

🌸 「the+형용사-est」 가장 …한(최상급)

낭·독·하·기 ☐☐☐☐☐ | 암·송·하·기 ○○○○○

Q Who has the best *English* score?
누가 최고의 영어 점수를 갖고 있나요?

A *My friend Rachel* has the best *English* score.
제 친구 레이첼이 최고의 영어 점수를 갖고 있어요.

우리말 뜻을 참고하여 영어로 표현하세요.

응용 + 일치

1 Q 누가 최고의 토플 점수를 갖고 있나요?
TOEFL

A 그의 친구가 최고의 토플 점수를 갖고 있어요.
His friend

2 Q 누가 최고의 토익 점수를 갖고 있나요?
TOEIC

A 찰스가 최고의 토익 점수를 갖고 있어요.
Charles

3 Q 누가 최고의 수학 점수를 갖고 있나요?
math

A 그의 친구 찰스가 최고의 수학 점수를 갖고 있어요.
His friend Charles

❋ best 최고의 • TOEFL 토플(Test of English as a Foreign Language) • TOEIC 토익(Test of English for International Communication)

Q **Who did *you* meet?**
당신은 누구를 만났나요?

A ***I* met *my cousin*.**
저는 제 사촌을 만났어요.

우리말 뜻을 참고하여 영어로 표현하세요.

1 Q 그는 누구를 만났나요?
he

A 그는 자기 친구를 만났어요.
his friend

2 Q 그들은 누구를 만났나요?
they

A 그들은 자기들의 선생님을 만났어요.
their teacher

3 Q 그녀의 언니는 누구를 만났나요?
her sister

A 그녀의 언니는 자기 이모들을 만났어요.
her aunts

● 동사 meet(~을 만나다)의 목적어 who(누구를)를 쓴 의문문은 Did you meet who?일 것 같지만 의문사는 항상 문장 앞에 놓이기 때문에 Who did you meet?가 된 거예요.

Q Who did *you* invite to the party?
당신은 누구를 파티에 초대했나요?

A *I* invited *my close friends* to the party.
저는 제 친한 친구들을 파티에 초대했어요.

우리말 뜻을 참고하여 영어로 표현하세요.

1 **Q** 그녀는 누구를 파티에 초대했나요?
she

A 그녀는 자기 반 친구들을 파티에 초대했어요.
her classmates

2 **Q** 그는 누구를 파티에 초대했나요?
he

A 그는 자기 동료들을 파티에 초대했어요.
his colleagues

3 **Q** 레이첼은 누구를 파티에 초대했나요?
Rachel

A 레이첼은 그녀의 친척들을 파티에 초대했어요.
her relatives

🌸 invite A to B A를 B에 초대하다 • colleague 동료 • relative 친척

Q Who would *you* most like to meet?
당신은 누구를 가장 만나고 싶으세요?

A *I* would most like to meet *the Pope*.
저는 교황을 가장 만나고 싶어요.

우리말 뜻을 참고하여 영어로 표현하세요.

1 **Q** 그는 누구를 가장 만나고 싶어 하나요?
he

A 그는 빌 게이츠를 가장 만나고 싶어 해요.
Bill Gates

2 **Q** 그들은 누구를 가장 만나고 싶어 하나요?
they

A 그들은 오바마 대통령을 가장 만나고 싶어 해요.
President Obama

3 **Q** 그의 누나는 누구를 가장 만나고 싶어 하나요?
his sister

A 그의 누나는 영국 여왕을 가장 만나고 싶어 해요.
the Queen of England

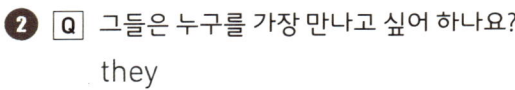

낭·독·하·기 ☐☐☐☐☐ | 암·송·하·기 ○○○○○

Q Who did *you* talk to?
당신은 누구와 이야기를 했나요?

A I talked to *my friend Laura*.
저는 제 친구 로라와 이야기를 했어요.

우리말 뜻을 참고하여 영어로 표현하세요.

1 **Q** 그녀는 누구와 이야기를 했나요?
she

A 그녀는 자기 사촌과 이야기를 했어요.
her cousin

2 **Q** 그의 어머니는 누구와 이야기를 했나요?
his mother

A 그의 어머니는 린다와 이야기를 했어요.
Linda

3 **Q** 그들은 누구와 이야기를 했나요?
they

A 그들은 그들의 여행 가이드와 이야기를 했어요.
their tour guide

❋ 여기서 Who는 talk to(…와 이야기하다)에서 to의 목적어로 쓰였어요. 이렇게 Who는 전치사의 목적어로 문장 맨 앞에 놓일 수가 있어요.

Review

001-014 그림을 보고 영어로 말해 보세요.

001

002

003

004

005

006

007

008

009

회화에서 유용하게 쓸 수 있는
영어 속담 1

- **Time flies.**
  세월이 날아간다. (시간이 정말 빨리 간다.)

- **Even a worm will turn.**
  지렁이도 밟으면 꿈틀한다.

- **A picture is worth a thousand words.**
  천 마디 말보다 한 번 보는 게 더 낫다. (백문이 불여일견)

- **One is never too old to learn.**
  배울 수 없을 만큼 늙은 사람은 없다. (배움에 시기는 없다.)

- **Practice is better than theory.**
  실천은 이론보다 낫다. (말만 앞세우지 말고 행해야 한다.)

UNIT 02
Whose

시작 　월　　일　：
마침 　월　　일　：

☆ **Whose** *story do you believe?* (Whose+명사: 목적어)
당신은 누구의 이야기를 믿나요?

Whose *book is this?* (Whose+명사: 보어)
이건 누구의 책인가요?

Whose *shoes are bigger?* (Whose+명사: 주어)
누구의 신발이 더 큰가요?

소유를 나타내는 의미인 '누구의'는 Whose입니다. Who는 단독으로 쓰일 수 있지만, Whose는 반드시 명사와 함께 「Whose+명사」의 형태로 씁니다. 「Whose+명사」는 Who처럼 문장에서 주어, 목적어, 보어 자리에 놓입니다.

낭·독·하·기 ☐☐☐☐☐ | 암·송·하·기 ○○○○○

Q **Whose *phone* is this?**
이건 누구의 전화기인가요?

A **It's *Rachel's*.**
그건 레이첼 거예요.

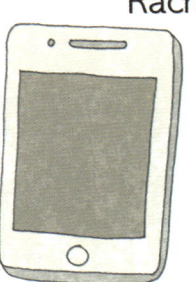
Rachel's

우리말 뜻을 참고하여 영어로 표현하세요.

❶ Q 이건 누구의 가방인가요?
bag

A 그건 윌리엄 거예요.
William's

❷ Q 이건 누구의 노트북 컴퓨터인가요?
laptop

A 그건 그의 형 거예요.
his brother's

❸ Q 이건 누구의 책인가요?
book

A 그건 우리 누나 거예요.
my sister's

🌸 '○○의 것'이라는 소유대명사는 「명사+'s」로 나타내요.

Q Whose *iPad* is that?
그건 누구의 아이패드인가요?

A It's *his*.
그건 그의 거예요.

His

우리말 뜻을 참고하여 영어로 표현하세요.

1 **Q** 그건 누구의 책가방인가요?
backpack

A 그건 제 거예요.
mine

2 **Q** 그건 누구의 자전거인가요?
bike

A 그건 그녀 거예요.
hers

3 **Q** 그건 누구의 자동차인가요?
car

A 그건 우리 거예요.
ours

● mine 내 것 • yours 네 것, 당신들 것 • his 그의 것 • hers 그녀의 것 • ours 우리의 것 • theirs 그들의 것

낭·독·하·기 ☐☐☐☐☐ 암·송·하·기 ○○○○○

Q **Whose *books* are these?**
이것들은 누구의 책인가요?

A **These are *my father's*.**
이것들은 우리 아빠 거예요.

우리말 뜻을 참고하여 영어로 표현하세요.

1 **Q** 이것들은 누구의 만화책인가요?
comic books

A 이것들은 윌리엄 거예요.
William's

2 **Q** 이것들은 누구의 연필인가요?
pencils

A 이것들은 그의 남동생 거예요.
his brother's

3 **Q** 이것들은 누구의 옷인가요?
clothes

A 이것들은 그들의 거예요.
theirs

✱ 「Whose+복수 명사」일 때, 함께 쓰는 동사와 대명사도 복수로 써야 해요.

Q Whose *friend* is he?
그는 누구의 친구인가요?

A He is *my brother's friend*.
그는 우리 형 친구예요.

우리말 뜻을 참고하여 영어로 표현하세요.

1 **Q** 그는 누구의 아버지인가요?
father

A 그는 제이콥의 아버지예요.
Jacob's father

2 **Q** 그는 누구의 형인가요?
brother

A 그는 제 친구의 형이에요.
my friend's brother

3 **Q** 그는 누구의 선생님인가요?
teacher

A 그는 우리 선생님이에요.
our teacher

Q **Whose *umbrella* should I borrow?**
제가 누구의 우산을 빌려야 하나요?

A **You should borrow *Laura's umbrella*.**
당신은 로라의 우산을 빌려야 해요.

우리말 뜻을 참고하여 영어로 표현하세요.

1 Q 제가 누구의 스키 바지를 빌려야 하나요?
ski pants

A 당신은 그의 스키 바지를 빌려야 해요.
his ski pants

2 Q 제가 누구의 스키 고글을 빌려야 하나요?
ski goggles

A 당신은 그녀의 스키 고글을 빌려야 해요.
her ski goggles

3 Q 제가 누구의 헬멧을 빌려야 하나요?
helmet

A 당신은 제 친구의 헬멧을 빌려야 해요.
my friend's helmet

낭·독·하·기 ☐☐☐☐☐ | 암·송·하·기 ○○○○○

Q Whose *laptop* is *better*?
누구의 노트북 컴퓨터가 더 좋은가요?

A Linda's *laptop* is the *better* one.
린다의 노트북 컴퓨터가 더 좋은 거예요.

우리말 뜻을 참고하여 영어로 표현하세요.

❶ Q 누구의 자동차가 더 오래됐나요?
car/older

A 린다의 자동차가 더 오래된 거예요.
car/older

------

❷ Q 누구의 코트가 더 긴가요?
coat/longer

A 린다의 코트가 더 긴 거예요.
coat/longer

------

❸ Q 누구의 휴대전화기가 더 싼가요?
cellphone/cheaper

A 린다의 휴대전화기가 더 싼 거예요.
cellphone/cheaper

● 여기 문장에서 one은 '하나'라는 뜻이 아니고 앞에 이미 이야기해서 알고 있는 사람 또는 사물을 가리키는 대명사예요.

Q **Whose** father is a *teacher*?
누구의 아버지가 선생님인가요?

A ***Rachel's*** father is a *teacher*.
레이첼 아버지가 선생님이에요.

우리말 뜻을 참고하여 영어로 표현하세요.

❶ Q 누구의 아버지가 변호사인가요?
lawyer

A 제 절친의 아버지가 변호사예요.
My best friend's

❷ Q 누구의 아버지가 의사인가요?
doctor

A 로라의 아버지가 의사예요.
Laura's

❸ Q 누구의 아버지가 영화감독인가요?
film director

A 제 절친 로라의 아버지가 영화감독이에요.
My best friend Laura's

낭·독·하·기 ☐☐☐☐☐ | 암·송·하·기 ○○○○○

[Q] Whose car is parked *across the road*?
누구의 자동차가 도로 건너편에 주차돼 있나요?

[A] *My uncle's* car is parked *across the road*.
우리 삼촌 자동차가 도로 건너편에 주차돼 있어요.

우리말 뜻을 참고하여 영어로 표현하세요.

❶ [Q] 누구의 자동차가 도서관 건너편에 주차돼 있나요?
across the library

[A] 그의 이모 자동차가 도서관 건너편에 주차돼 있어요.
His aunt's

❷ [Q] 누구의 자동차가 주차장에 주차돼 있나요?
in the parking lot

[A] 우리 아버지 자동차가 주차장에 주차돼 있어요.
My father's

❸ [Q] 누구의 자동차가 맥도날드 앞에 주차돼 있나요?
in front of McDonald's

[A] 제이콥 자동차가 맥도날드 앞에 주차돼 있어요.
Jacob's

● be parked 주차돼 있다 ● across … 건너편에 ● in front of … 앞에

Q Whose side *are you* on?
당신은 누구의 편인가요?

A *I'm* on *his* side.
저는 그의 편이에요.

우리말 뜻을 참고하여 영어로 표현하세요.

1 Q 그녀는 누구의 편인가요?
she

A 그녀는 엄마 편이에요.
Mom's

2 Q 찰스는 누구의 편인가요?
Charles

A 찰스는 자기 아버지 편이에요.
his father's

3 Q 그들은 누구의 편인가요?
they

A 그들은 레이첼 편이에요.
Rachel's

● be on one's side … 편이다 (one's 자리에 다양한 소유격을 넣으면 돼요.)

Q Whose instructions *are you* following?
여러분은 누구의 지시를 따르고 있나요?

A *We are* following *the teacher's* instructions.
우리는 선생님의 지시를 따르고 있어요.

우리말 뜻을 참고하여 영어로 표현하세요.

1 **Q** 그들은 누구의 지시를 따르고 있나요?
they

A 그들은 코치의 지시를 따르고 있어요.
the coach's

2 **Q** 그는 누구의 지시를 따르고 있나요?
he

A 그는 자기 아버지의 지시를 따르고 있어요.
his father's

3 **Q** 로라는 누구의 지시를 따르고 있나요?
Laura

A 로라는 자기 어머니의 지시를 따르고 있어요.
her mother's

🌸 instruction 지시, 가르침

Review

015-024 그림을 보고 영어로 말해 보세요.

UNIT 03 When

시작　월　일　：
마침　월　일　：

☆ **When** *did you meet her?*
언제 그녀를 만났나요?

When *will you come back?*
언제 돌아올 건가요?

When *is your graduation day?*
졸업식이 언제예요?

'언제'인지 시간이나 때가 궁금할 때는 의문사 When으로 물을 수 있습니다. When은 앞서 배운 다른 의문사와 마찬가지로 항상 문장 앞에 옵니다.

낭·독·하·기 ☐☐☐☐☐ 암·송·하·기 ○○○○○

Q **When is the *class* over?**
수업이 언제 끝나요?

A **The *class* is over *in ten minutes*.**
수업이 10분 후에 끝나요.

우리말 뜻을 참고하여 영어로 표현하세요.

❶ **Q** 식사가 언제 끝나요?
meal

A 식사가 5분 후에 끝나요.
in five minutes

❷ **Q** 영화가 언제 끝나요?
movie

A 영화가 30분 후에 끝나요.
in half an hour

❸ **Q** 콘서트가 언제 끝나나요?
concert

A 콘서트가 몇 분 후에 끝나요.
in a couple of minutes

❋ be over …이 끝나다 • 「in+시간 단위」 … 시간 후에 • half an hour 30분 • a couple of 둘의, 몇 개의

낭·독·하·기 ☐☐☐☐☐ 암·송·하·기 ○○○○○

Q When did you travel to *Hong Kong*?
당신은 언제 홍콩 여행을 다녀왔나요?

A I travelled to *Hong Kong two years ago*.
저는 2년 전에 홍콩 여행을 다녀왔어요.

우리말 뜻을 참고하여 영어로 표현하세요.

❶ Q 당신은 언제 태국 여행을 다녀왔나요?
Thailand

A 저는 6개월 전에 태국 여행을 다녀왔어요.
six months ago

❷ Q 당신은 언제 필리핀 여행을 다녀왔나요?
the Philippines

A 저는 작년에 필리핀 여행을 다녀왔어요.
last year

❸ Q 당신은 언제 싱가포르 여행을 다녀왔나요?
Singapore

A 저는 2012년에 싱가포르 여행을 다녀왔어요.
in 2012

✽ travel to … 여행을 다녀오다

Q **When did *you* try *salmon*?**
당신은 언제 연어를 먹어 보았나요?

A ***I* tried *salmon* last year.**
저는 연어를 작년에 먹어 보았어요.

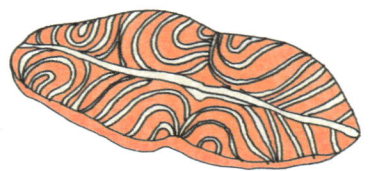

우리말 뜻을 참고하여 영어로 표현하세요.

❶ Q 그녀는 언제 닭고기 카레를 먹어 보았나요?
she/curry chicken

A 그녀는 닭고기 카레를 작년에 먹어 보았어요.
She/curry chicken

❷ Q 그들은 언제 파스타를 먹어 보았나요?
they/pasta

A 그들은 파스타를 작년에 먹어 보았어요.
They/pasta

❸ Q 그의 형은 언제 염소 치즈를 먹어 보았나요?
his brother/goat cheese

A 그의 형은 염소 치즈를 작년에 먹어 보았어요.
His brother/goat cheese

● try (음식을) 먹어 보다 • goat 염소

낭·독·하·기 ☐☐☐☐☐ 암·송·하·기 ○○○○○

Q When will you go to the *bank*?
당신은 언제 은행에 갈 건가요?

A I'll go to the *bank this afternoon*.
저는 오늘 오후에 은행에 갈 거예요.

우리말 뜻을 참고하여 영어로 표현하세요.

① **Q** 당신은 언제 도서관에 갈 건가요?
library

A 저는 오늘 저녁에 도서관에 갈 거예요.
this evening

② **Q** 당신은 언제 영화관에 갈 건가요?
cinema

A 저는 4시에 영화관에 갈 거예요.
at 4:00

③ **Q** 당신은 언제 치과에 갈 건가요?
dentist

A 저는 월요일에 치과에 갈 거예요.
on Monday

● '오늘 오후, 오늘 아침, 오늘 저녁'에서 '오늘'은 today가 아니라 this로 표현해요.

낭·독·하·기 ☐☐☐☐☐ 암·송·하·기 ○○○○○

Q When are you going to finish *the report*?
당신은 언제 보고서를 끝낼 건가요?

A I'm going to finish by *midnight*.
저는 자정까지 끝낼 거예요.

우리말 뜻을 참고하여 영어로 표현하세요.

1 **Q** 당신은 언제 프로젝트를 끝낼 건가요?
the project

A 저는 내일 아침까지 끝낼 거예요.
tomorrow morning
------

2 **Q** 당신은 언제 그 일을 끝낼 건가요?
the work

A 저는 2시 30분까지 끝낼 거예요.
2:30
------

3 **Q** 당신은 언제 그것들을 끝낼 건가요?
them

A 저는 오늘 밤까지 끝낼 거예요.
tonight

● 「be going to+동사원형」 …할 것이다 • by … (때)까지

낭·독·하·기 ☐☐☐☐☐ 암·송·하·기 ○○○○○

Q When is *your* birthday?
당신 생일은 언제인가요?

A *My* birthday is *September 10th*.
제 생일은 9월 10일이에요.

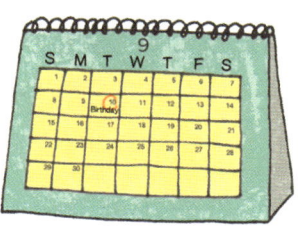

우리말 뜻을 참고하여 영어로 표현하세요.

1 **Q** 윌리엄의 생일은 언제인가요?
William's

A 그의 생일은 7월 2일이에요.
His / July 2nd

2 **Q** 레이첼의 생일은 언제인가요?
Rachel's

A 그녀의 생일은 5월 1일이에요.
Her / May 1st

3 **Q** 그의 누나의 생일은 언제인가요?
his sister's

A 그녀의 생일은 12월 7일이에요.
Her / December 7th

낭·독·하·기 ☐☐☐☐☐ 암·송·하·기 ○○○○○

Q When is *Easter*?
부활절이 언제인가요?

A *Easter* is in *April*.
부활절은 4월이에요.

우리말 뜻을 참고하여 영어로 표현하세요.

① **Q** 추수감사절이 언제인가요?
Thanksgiving _____

A 추수감사절은 11월이에요.
November _____

② **Q** 할로윈이 언제인가요?
Halloween _____

A 할로윈은 10월이에요.
October _____

③ **Q** 밸런타인데이가 언제인가요?
Valentine's Day _____

A 밸런타인데이는 2월이에요.
February _____

★ '부활절이 4월이다'는 '부활절이 4월에 있다'의 의미이므로 '… 안에'라는 전치사 in을 사용해 be in April로 표현해요.

낭·독·하·기 ☐☐☐☐☐ | 암·송·하·기 ○○○○○

Q When are you moving to a new *home*?
당신은 언제 새 집으로 이사 가나요?

A We're moving there in *April*.
우리는 4월에 그곳으로 이사 가요.

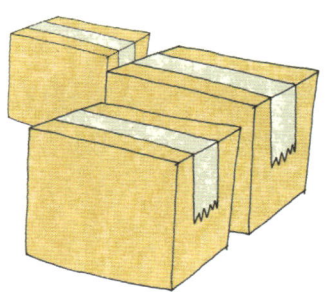

우리말 뜻을 참고하여 영어로 표현하세요.

1 **Q** 당신은 언제 새 아파트로 이사 가나요?
apartment

A 우리는 5월에 그곳으로 이사 가요.
May

2 **Q** 당신은 언제 새 동네로 이사 가나요?
neighborhood

A 우리는 8월에 그곳으로 이사 가요.
August

3 **Q** 당신은 언제 새 도시로 이사 가나요?
city

A 우리는 12월에 그곳으로 이사 가요.
December

※ 「be동사의 현재형+동사-ing」가 가까운 미래의 일을 나타내기도 해요.

033

Q When *are you* going *skiing*?
당신은 언제 스키 타러 갈 거예요?

A *I'm* going *skiing* on Saturday.
저는 토요일에 스키 타러 갈 거예요.

우리말 뜻을 참고하여 영어로 표현하세요.

❶ **Q** 그들은 언제 수영하러 갈 거예요?
they/swimming

A 그들은 토요일에 수영하러 갈 거예요.
They/swimming

❷ **Q** 그녀의 친구들은 언제 캠핑하러 갈 거예요?
her friends/camping

A 그녀의 친구들은 토요일에 캠핑하러 갈 거예요.
Her friends/camping

❸ **Q** 그는 언제 쇼핑하러 갈 거예요?
he/shopping

A 그는 토요일에 쇼핑하러 갈 거예요.
He/shopping

「go+동사-ing」 …하러 가다

낭·독·하·기 ☐☐☐☐☐ | 암·송·하·기 ○○○○○

Q **When *is* the concert *starting*?**
콘서트는 언제 시작하나요?

A **The concert *is starting* at 2:00.**
콘서트는 2시에 시작해요.

우리말 뜻을 참고하여 영어로 표현하세요.

1 Q 콘서트는 언제 시작해요?
현재

A 콘서트는 정오에 시작해요.
at noon

2 Q 콘서트는 언제 시작했나요?
과거

A 콘서트는 오후 6시에 시작했어요.
at 6 p.m.

3 Q 콘서트는 언제 시작할 건가요?
미래 (will)

A 콘서트는 1시간 후에 시작될 거예요.
in an hour

Q **When will you fix *my computer*?**
당신은 언제 제 컴퓨터를 고칠 거예요?

A **I'll fix *your computer tomorrow*.**
저는 당신 컴퓨터를 내일 고칠 거예요.

우리말 뜻을 참고하여 영어로 표현하세요.

1 Q 당신은 언제 그의 자전거를 고칠 거예요?
his bicycle

A 저는 그의 자전거를 오늘 고칠 거예요.
today

2 Q 당신은 언제 린다의 자명종을 고칠 거예요?
Linda's alarm clock

A 저는 린다의 자명종을 오늘 저녁에 고칠 거예요.
this evening

3 Q 당신은 언제 제 친구의 프린터를 고칠 거예요?
my friend's printer

A 저는 당신 친구의 프린터를 내일 오전에 고칠 거예요.
tomorrow morning

낭·독·하·기 ☐☐☐☐☐ | 암·송·하·기 ○○○○○

Q When *do you* study?
당신은 언제 공부하나요?

A *I* usually *study at night*.
저는 보통 밤에 공부해요.

우리말 뜻을 참고하여 영어로 표현하세요.

❶ **Q** 그녀는 언제 공부하나요?
she

A 그녀는 보통 낮 시간에 공부해요.
during the daytime

❷ **Q** 그들은 언제 공부하나요?
they

A 그들은 보통 밤늦게 공부해요.
late at night

❸ **Q** 그의 형은 언제 공부하나요?
his brother

A 그는 보통 아침 일찍 공부해요.
early in the morning

❋ 횟수를 나타내는 부사 usually(대개, 보통)는 일반동사 앞에 놓여요.

Q When did you buy the **T-shirt**?
당신은 언제 그 티셔츠를 샀나요?

A I bought it **this summer**.
저는 그걸 올 여름에 샀어요.

우리말 뜻을 참고하여 영어로 표현하세요.

1 **Q** 당신은 언제 그 재킷을 샀나요?
jacket

A 저는 그걸 올 봄에 샀어요.
this spring

2 **Q** 당신은 언제 그 반지를 샀나요?
ring

A 저는 그걸 지난 주말에 샀어요.
last weekend

3 **Q** 당신은 언제 그 치마를 샀나요?
skirt

A 저는 그걸 지난 달에 샀어요.
last month

Q When is a good time to pick *strawberries*?
언제가 딸기를 따기 좋은 때인가요?

A *Early April* will be good.
4월 초가 좋을 거예요.

우리말 뜻을 참고하여 영어로 표현하세요.

1 Q 언제가 사과를 따기 좋은 때인가요?
apples

A 9월 초가 좋을 거예요.
Early September

2 Q 언제가 토마토를 따기 좋은 때인가요?
tomatoes

A 5월 중순이 좋을 거예요.
Mid - May

3 Q 언제가 블루베리를 따기 좋은 때인가요?
blueberries

A 7월 말이 좋을 거예요.
Late July

❋ 「When is a good time to+동사원형 ~?」 …하기 좋은 때는 언제인가요? (여기서 「to+동사원형」은 '…하기에'라는 뜻이에요.)

Review

025-038 그림을 보고 영어로 말해 보세요.

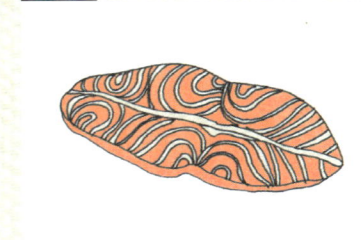

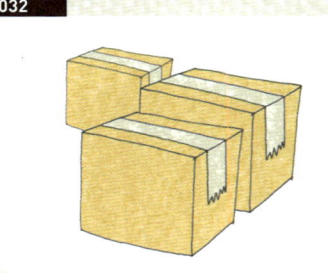

회화에서 유용하게 쓸 수 있는
영어 속담 2

- **No gains without pains.**
  고생 없이는 결실도 없다.

- **Blood is thicker than water.**
  피는 물보다 진하다.

- **Rome was not built in a day.**
  로마는 하루 아침에 이루어진 것이 아니다.

- **Practice makes perfect.**
  연습이 완벽을 만든다. (아는 것보다 실천이 중요하다.)

- **The early bird catches the worm.**
  일찍 일어난 새가 벌레를 잡는다. (부지런해야 성공한다.)

UNIT 04
Where

시작 월 일 :
마침 월 일 :

☆ **Where** *is your key?*
당신 열쇠가 어디 있나요?

Where *are your keys?*
당신 열쇠들이 어디 있나요?

Where *did you put it?*
그것을 어디에 두었나요?

'어디'인지 장소가 궁금할 때는 의문사 Where로 물을 수 있습니다. Where는 앞에서 공부한 When처럼 항상 문장 앞에 놓입니다.

| 낭·독·하·기 ☐☐☐☐☐ | 암·송·하·기 ○○○○○ |

Q Where *are you* from?
당신은 어디서 왔나요?

A *I'm* from *Korea*.
저는 한국에서 왔어요.

우리말 뜻을 참고하여 영어로 표현하세요.

❶ Q 로라는 어디서 왔나요?
Laura

A 그녀는 미국에서 왔어요.
America

❷ Q 그들은 어디서 왔나요?
they

A 그들은 필리핀에서 왔어요.
the Philippines

❸ Q 톰의 영어 선생님은 어디서 왔나요?
Tom's English teacher

A 그는 캐나다에서 왔어요.
Canada

★ 'Where are you from?'은 '어느 나라 사람인가요?'라고 출신을 물을 때 써요. 'I'm from ~.'은 '나는 … 나라 사람이에요.'라는 뜻이지요.

낭·독·하·기 ☐☐☐☐☐ | 암·송·하·기 ○○○○○

Q **Where would *you* like to sit?**
당신은 어디 앉고 싶으세요?

A **I'd like to sit *in the front seat*.**
저는 앞자리에 앉고 싶어요.

우리말 뜻을 참고하여 영어로 표현하세요.

1 Q 그녀는 어디에 앉고 싶어 하나요?
she

A 그녀는 맨 앞쪽에 앉고 싶어 해요.
up front

2 Q 그들은 어디에 앉고 싶어 하나요?
they

A 그들은 중간 줄에 앉고 싶어 해요.
in the middle row

3 Q 톰은 어디에 앉고 싶어 하나요?
Tom

A 톰은 뒷자리에 앉고 싶어 해요.
in the back seat

● 「would like to(= 'd like to)+동사원형」 …하고 싶어 하다

Q Where *is she* going?
그녀는 어디로 가고 있나요?

A *She's* going to *the library*.
그녀는 도서관에 가고 있어요.

우리말 뜻을 참고하여 영어로 표현하세요.

❶ Q 그는 어디로 가고 있나요?
he

A 그는 편의점에 가고 있어요.
the convenience store

❷ Q 그의 누나는 어디로 가고 있나요?
his sister

A 그의 누나는 스타벅스에 가고 있어요.
Starbucks

❸ Q 그 학생들은 어디로 가고 있나요?
the students

A 그 학생들은 쇼핑센터에 가고 있어요.
the mall

낭·독·하·기 ☐☐☐☐☐ 암·송·하·기 ○○○○○

Q Where ***have*** they travelled?
그들은 어디로 여행을 했나요?

A They***'ve travelled*** to ***Europe***.
그들은 유럽 여행을 했어요.

우리말 뜻을 참고하여 영어로 표현하세요.

❶ Q 그들은 어디로 여행을 하고 있나요?
현재진행

A 그들은 동남아시아 여행을 하고 있어요.
Southeast Asia

❷ Q 그들은 어디로 여행을 했나요?
과거

A 그들은 남미 여행을 했어요.
South America

❸ Q 그들은 어디로 여행을 할 건가요?
미래 (be going to)

A 그들은 북유럽 여행을 할 거예요.
Northern Europe

Q **Where do you keep your *photos*?**
여러분은 사진들을 어디에 보관하나요?

A **We keep them in the *album*.**
우리는 그것들을 앨범에 보관해요.

우리말 뜻을 참고하여 영어로 표현하세요.

1 Q 여러분은 여권들을 어디에 보관하나요?
passports

A 우리는 그것들을 서랍에 보관해요.
drawer

2 Q 여러분은 남은 음식들을 어디에 보관하나요?
leftovers

A 우리는 그것들을 냉장고에 보관해요.
fridge

3 Q 여러분은 귀중품들을 어디에 보관하나요?
valuables

A 우리는 그것들을 금고에 보관해요.
safe

❋ leftover 남겨진 것, 남은 음식 • valuables 귀중품(항상 복수형으로 써야 해요) • safe 금고

낭·독·하·기 ☐☐☐☐☐ | 암·송·하·기 ○○○○○

Q Where ***did you*** put ***your*** clothes?
당신은 옷들을 어디에 두었나요?

A ***I put*** them in ***my*** closet.
저는 옷들을 제 옷장에 두었어요.

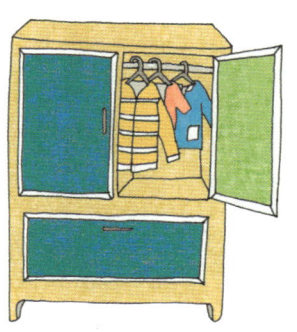

우리말 뜻을 참고하여 영어로 표현하세요.

1 **Q** 그는 옷들을 어디에 두나요?
현재 - he/his

　

A 그는 옷들을 그의 옷장에 둬요.
현재 - He/his

2 **Q** 그녀는 옷들을 어디에 두었나요?
현재완료 - she/her

　

A 그녀는 옷들을 옷장에 뒀어요.
현재완료 - She/her

　

3 **Q** 그들은 옷들을 어디에 둘 건가요?
미래 (be going to) - they/their

　

A 그들은 옷들을 그들의 옷장에 둘 거예요.
미래 (be going to) - They/their

Q Where *did* Jacob *walk* to?
제이콥은 어디로 걸어갔나요?

A He *walked* to the *park*.
그는 공원으로 걸어갔어요.

우리말 뜻을 참고하여 영어로 표현하세요.

① **Q** 제이콥은 어디로 걸어가고 있나요?
현재진행

A 그는 은행으로 걸어가고 있어요.
bank

② **Q** 제이콥은 어디로 걸어가고 있었나요?
과거진행

A 그는 병원으로 걸어가고 있었어요.
hospital

③ **Q** 제이콥은 어디로 걸어갔나요?
현재완료

A 그는 쇼핑센터로 걸어갔어요.
mall

● walk to …로 걸어가다

낭·독·하·기 ☐☐☐☐☐ | 암·송·하·기 ○○○○○

Q Where ***have*** you been ***studying***?
당신은 어디서 공부하고 있었나요?

A I***'ve been studying*** at ***my friend's house***.
저는 제 친구 집에서 공부하고 있었어요.

우리말 뜻을 참고하여 영어로 표현하세요.

1 **Q** 당신은 어디서 공부하나요?
현재

A 저는 도서관에서 공부해요.
the library

2 **Q** 당신은 어디서 공부했나요?
과거

A 저는 독서실에서 공부했어요.
the reading room

3 **Q** 당신은 어디서 공부할 건가요?
미래 (be going to)

A 저는 학교에서 공부할 거예요.
school

※ 과거의 어느 시점부터 현재까지 계속하고 있는 행동을 나타낼 때는 「have[has]+been+동사-ing」를 씁니다.

낭·독·하·기 ☐☐☐☐☐ 암·송·하·기 ○○○○○

Q **Where *are you taking* lessons?**
당신은 어디서 수업을 듣고 있나요?

A ***I'm taking* lessons online.**
저는 인터넷으로 수업을 듣고 있어요.

우리말 뜻을 참고하여 영어로 표현하세요.

① **Q** 그녀의 오빠는 어디서 수업을 듣나요?
현재 - her brother

A 그녀의 오빠는 인터넷으로 수업을 들어요.
Her brother

② **Q** 그 학생은 어디서 수업을 들었나요?
과거 - the student

A 그 학생은 인터넷으로 수업을 들었어요.
The student

③ **Q** 그들은 어디서 수업을 들을 건가요?
미래 (be going to) - they

A 그들은 인터넷으로 수업을 들을 거예요.
They

★ online 온라인으로, 인터넷에서

Q **Where *were you* born?**
당신은 어디서 태어났나요?

A ***I was* born in *Seoul*.**
저는 서울에서 태어났어요.

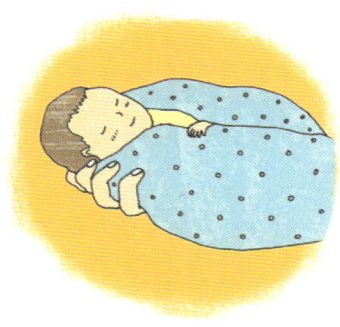

우리말 뜻을 참고하여 영어로 표현하세요.

1 **Q** 그는 어디서 태어났나요?
he

A 그는 인천에서 태어났어요.
Incheon

2 **Q** 그녀는 어디서 태어났나요?
she

A 그녀는 부산에서 태어났어요.
Busan

3 **Q** 그의 사촌들은 어디서 태어났나요?
his cousins

A 그의 사촌들은 로스앤젤레스에서 태어났어요.
Los Angeles

❋ be born 태어나다(태어나는 건 내 의지가 아니라 어머니가 낳아 주시는 거라서 항상 수동태인 be born의 형태로 쓰여요.)

Q Where ***will you meet your*** friend?
당신은 친구를 어디에서 만날 건가요?

A ***I'll meet my*** friend at the entrance.
저는 입구에서 친구를 만날 거예요.

우리말 뜻을 참고하여 영어로 표현하세요.

1 **Q** 그는 친구를 어디서 만나요?
현재 - he/his

A 그는 입구에서 친구를 만나요.
He/his

2 **Q** 레이첼은 친구를 어디서 만났나요?
과거 - Rachel/her

A 레이첼은 입구에서 친구를 만났어요.
Rachel/her

3 **Q** 그들은 친구를 어디서 만났나요?
현재완료 - they/their

A 그들은 입구에서 친구를 만났어요.
They/their

✿ enterance 입구

낭·독·하·기 ☐☐☐☐☐ 암·송·하·기 ○○○○○ 050

Q Where ***are you climbing*** to?
당신들은 어디로 등산을 하고 있나요?

A ***We're climbing*** to the peak of the mountain.
우리는 산 정상으로 등산을 하고 있어요.

우리말 뜻을 참고하여 영어로 표현하세요.

1 **Q** 그는 어디로 등산을 하나요?
   현재 - he

   A 그는 산 정상으로 등산을 해요.
   He

2 **Q** 그들은 어디로 등산을 했나요?
   과거 - they

   A 그들은 산 정상으로 등산을 했어요.
   They

3 **Q** 그의 삼촌은 어디로 등산을 하고 있었나요?
   과거진행 - his uncle

   A 그의 삼촌은 산 정상으로 등산을 하고 있었어요.
   His uncle

🌸 climb to …로 등정하다, 올라가다

낭·독·하·기 ☐☐☐☐☐ 암·송·하·기 ○○○○○

Q **Where is the *Eiffel Tower*?**
에펠탑은 어디에 있나요?

A **It is in *Paris*.**
그건 파리에 있어요.

우리말 뜻을 참고하여 영어로 표현하세요.

❶ Q 만리장성은 어디에 있나요?
the Great Wall of China

A 그건 베이징에 있어요.
Beijing

❷ Q 자유의 여신상은 어디에 있나요?
the Statue of Liberty

A 그건 뉴욕에 있어요.
New York

❸ Q 대영 박물관은 어디에 있나요?
the British Museum

A 그건 런던에 있어요.
London

🌸 tower 탑 • statue 조각상 • liberty 자유

Q **Where *are your books*?**
당신 책들이 어디 있나요?

A **I forgot *my books* at home.**
저는 책들을 깜박 잊고 집에 두고 왔어요.

우리말 뜻을 참고하여 영어로 표현하세요.

❶ Q 윌리엄의 연필들이 어디 있나요?
William's pencils

A 윌리엄은 연필들을 깜박 잊고 집에 두고 왔어요.
William / his pencils

❷ Q 레이첼의 우산이 어디 있나요?
Rachel's umbrella

A 그녀는 우산을 깜박 잊고 집에 두고 왔어요.
She / her umbrella

❸ Q 톰의 열쇠는 어디 있나요?
Tom's key

A 그는 열쇠를 깜박 잊고 집에 두고 왔어요.
He / his key

✽ 「forget A+장소 표현」 A를 깜박 잊고 …에 두고 오다

Review

039 - 052 그림을 보고 영어로 말해 보세요.

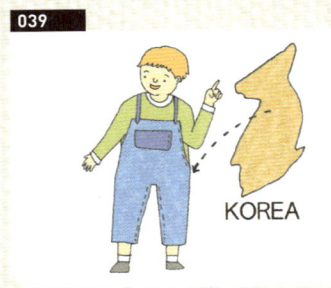
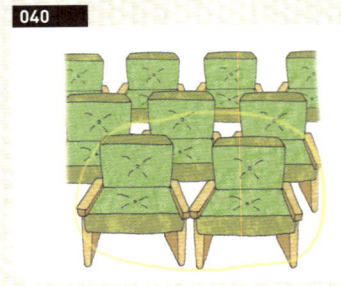

048
049
050
051
052

회화에서 유용하게 쓸 수 있는
영어 속담 3

- **Well begun is half done.**
  시작이 반이다.

- **Let bygones be bygones.**
  지나간 일은 깨끗이 잊어버리자.

- **There is no smoke without fire.**
  아니 땐 굴뚝에 연기 나랴.

- **A golden key opens every door.**
  황금 열쇠는 모든 문을 연다. (돈이면 안 되는 일이 없다.)

- **Beggars must not be choosers.**
  거지는 선택하는 사람이 될 수 없다. (배고픈 놈이 찬 밥, 더운 밥 가리느냐.)

UNIT 05
What

시작　월　일　　：
마침　월　일　　：

☆ **What** *is your favorite color?* (보어)
당신이 가장 좋아하는 색이 무엇인가요?

What *do you collect?* (목적어)
당신은 무엇을 수집하나요?

What *can you bring?* (목적어)
당신은 무엇을 가져올 수 있나요?

What *makes you happy?* (주어)
무엇이 당신을 행복하게 하나요?

의문사 What은 '무엇'이라는 뜻으로 문장에서 보어, 목적어, 또는 주어로 쓰일 수 있습니다.

Q **What *are you* doing?**
당신은 무엇을 하고 있나요?

A ***I'm* working on *a project*.**
저는 프로젝트를 하고 있어요.

우리말 뜻을 참고하여 영어로 표현하세요.

❶ Q 그녀는 무엇을 하고 있나요?
she

A 그녀는 과학 프로젝트를 하고 있어요.
a science project

❷ Q 학생들은 무엇을 하고 있나요?
the students

A 학생들은 그룹 프로젝트를 하고 있어요.
a group project

❸ Q 당신 오빠는 무엇을 하고 있나요?
your brother

A 우리 오빠는 에세이 쓰는 일을 하고 있어요.
an essay

※ 「work on + 업무·과제」 …을 작업하다

낭·독·하·기 ☐☐☐☐☐ | 암·송·하·기 ○○○○○

Q What ***does he*** like to eat for lunch?
그는 점심에 무엇을 먹는 걸 좋아하나요?

A ***He likes*** to eat ***hamburgers***.
그는 햄버거 먹는 걸 좋아해요.

우리말 뜻을 참고하여 영어로 표현하세요.

❶ **Q** 당신은 점심에 무엇을 먹는 걸 좋아하나요?
you

A 저는 치즈버거 먹는 걸 좋아해요.
cheeseburgers

❷ **Q** 아이들은 점심에 무엇을 먹는 걸 좋아하나요?
the children

A 아이들은 피자 먹는 걸 좋아해요.
pizza

❸ **Q** 그녀는 점심에 무엇을 먹는 걸 좋아하나요?
she

A 그녀는 프라이드 치킨 먹는 걸 좋아해요.
fried chicken

Q **What would *she* like for Christmas?**
그녀는 크리스마스에 무엇을 갖고 싶어하나요?

A ***She* would like *a table* for Christmas.**
그녀는 크리스마스에 탁자를 갖고 싶어해요.

우리말 뜻을 참고하여 영어로 표현하세요.

❶ Q 당신은 크리스마스에 무엇을 갖고 싶나요?
you

A 저는 크리스마스에 휴대전화기가 갖고 싶어요.
a cellphone

❷ Q 당신 형은 크리스마스에 무엇을 갖고 싶어하나요?
your brother

A 우리 형은 크리스마스에 아이패드를 갖고 싶어해요.
an iPad

❸ Q 그들은 크리스마스에 무엇을 갖고 싶어하나요?
they

A 그들은 크리스마스에 컴퓨터를 갖고 싶어해요.
a computer

●「for+특정일」…에

낭·독·하·기 ☐☐☐☐☐ 암·송·하·기 ○○○○○

056

Q What's *your* favorite color?
당신이 가장 좋아하는 색은 무엇인가요?

A *My* favorite color is *green*.
제가 가장 좋아하는 색은 초록색이에요.

우리말 뜻을 참고하여 영어로 표현하세요.

❶ **Q** 그가 가장 좋아하는 색은 무엇인가요?
his

A 그가 가장 좋아하는 색은 검정색이에요.
black

❷ **Q** 그들이 가장 좋아하는 색은 무엇인가요?
their

A 그들이 가장 좋아하는 색은 노란색이에요.
yellow

❸ **Q** 당신의 어머니가 가장 좋아하는 색은 무엇인가요?
your mother's

A 우리 어머니가 가장 좋아하는 색은 분홍색이에요.
pink

Q **What can *you* do with Lego blocks?**
당신은 레고 블록으로 무엇을 할 수 있나요?

A **I can build *a house* with Lego blocks.**
저는 레고 블록으로 집을 만들 수 있어요.

우리말 뜻을 참고하여 영어로 표현하세요.

1 Q 그들은 레고 블록으로 무엇을 할 수 있나요?
they

A 그들은 레고 블록으로 다리를 만들 수 있어요.
a bridge

2 Q 그는 레고 블록으로 무엇을 할 수 있나요?
he

A 그는 레고 블록으로 로봇을 만들 수 있어요.
a robot

3 Q 그 아이들은 레고 블록으로 무엇을 할 수 있나요?
the children

A 그 아이들은 레고 블록으로 비행기를 만들 수 있어요.
an airplane

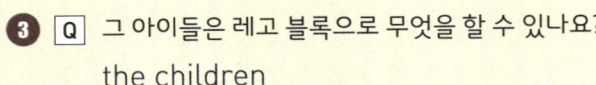 의문사 의문문에 조동사가 있을 경우에는 조동사가 의문사 바로 뒤, 주어 앞에 와요.

Q What ***did*** she ***buy*** at the mall?
그녀는 쇼핑센터에서 무엇을 샀나요?

A She ***bought*** some ***clothes*** at the mall.
그녀는 쇼핑센터에서 옷을 좀 샀어요.

우리말 뜻을 참고하여 영어로 표현하세요.

① **Q** 그녀는 쇼핑센터에서 무엇을 사나요?
현재

A 그녀는 쇼핑센터에서 신발을 좀 사요.
shoes

② **Q** 그녀는 쇼핑센터에서 무엇을 샀나요?
현재완료

A 그녀는 쇼핑센터에서 식료품을 좀 샀어요.
groceries

③ **Q** 그녀는 쇼핑센터에서 무엇을 살 건가요?
미래 (be going to)

A 그녀는 쇼핑센터에서 액세서리를 좀 살 거예요.
accessories

낭·독·하·기 ☐☐☐☐☐ | 암·송·하·기 ○○○○○

Q What is that **book** about?
그 책은 무엇에 대한 건가요?

A It's about **Korea's history**.
그건 한국 역사에 대한 거예요.

우리말 뜻을 참고하여 영어로 표현하세요.

① Q 그 소설은 무엇에 대한 건가요?
novel

A 그건 진정한 우정에 대한 거예요.
true friendship

② Q 그 이야기는 무엇에 대한 건가요?
story

A 그건 한 나무꾼에 대한 거예요.
a woodcutter

③ Q 그 영화는 무엇에 대한 건가요?
film

A 그건 야생동물에 대한 거예요.
wild animals

● about …에 대한 • woodcutter 나무꾼 • wild 야생의

낭·독·하·기 ☐☐☐☐☐ | 암·송·하·기 ○○○○○

Q What ***does*** he ***use glue*** for?
그는 무엇을 하는 데 풀을 사용하나요?

A He ***uses glue*** for card-making.
그는 카드를 만드는 데 풀을 사용해요.

우리말 뜻을 참고하여 영어로 표현하세요.

❶ **Q** 그는 무엇을 하는 데 스티커들을 사용했나요?
과거 - stickers

A 그는 카드를 만드는 데 스티커들을 사용했어요.
stickers

❷ **Q** 그는 무엇을 하는 데 만년필을 사용했나요?
현재완료 - a fountain pen

A 그는 카드를 만드는 데 만년필을 사용했어요.
a fountain pen

❸ **Q** 그는 무엇을 하는 데 가위를 사용할 건가요?
미래 (be going to) - scissors

A 그는 카드를 만드는 데 가위를 사용할 거예요.
scissors

Q What can I help *you* with?
당신께 무엇을 도와 드릴까요?

A You can help *me clean my room*.
제 방 청소하는 걸 도와주세요.

우리말 뜻을 참고하여 영어로 표현하세요.

❶ **Q** 그녀에게 무엇을 도와 줄까요?
her

A 그녀가 문제 푸는 걸 도와주세요.
her solve the problem

❷ **Q** 그에게 무엇을 도와 줄까요?
him

A 그가 앱을 다운로드 받는 걸 도와주세요.
him download the app

❸ **Q** 당신 어머니께 무엇을 도와 드릴까요?
your mother

A 우리 어머니가 설거지 하는 걸 도와주세요.
my mother do the dishes

✱ help 동사 다음에 어떠한 도움인지 보충해 주는 말은 주로 원형부정사로 써요.

Q What *are you* looking for?
당신은 무엇을 찾고 있나요?

A *I'm* looking for *my key*.
저는 열쇠를 찾고 있어요.

우리말 뜻을 참고하여 영어로 표현하세요.

1 **Q** 그녀는 무엇을 찾고 있나요?
she

A 그녀는 남자 친구를 찾고 있어요.
her boyfriend

2 **Q** 당신 형은 무엇을 찾고 있나요?
your brother

A 우리 형은 아르바이트 일자리를 찾고 있어요.
a part-time job

3 **Q** 그들은 무엇을 찾고 있나요?
they

A 그들은 자기 자동차들을 찾고 있어요.
their cars

Q **What is your *last name*?**
당신의 성이 뭐예요?

A **My *last name* is *Smith*.**
제 성은 '스미스'예요.

우리말 뜻을 참고하여 영어로 표현하세요.

1 Q 당신의 이름이 뭐예요?
first name

A 제 이름은 '수지'예요.
Susie

2 Q 당신의 성명이 뭐예요?
full name

A 제 성명은 김재인이에요.
Jane Kim

3 Q 당신의 별명이 뭐예요?
nickname

A 제 별명은 '공주'예요.
princess

낭·독·하·기 ☐☐☐☐☐ 암·송·하·기 ○○○○○

Q What ***do you*** want to do right now?
당신은 지금 무엇을 하고 싶나요?

A ***I want*** to ***walk*** in the park.
저는 공원에서 산책을 하고 싶어요.

우리말 뜻을 참고하여 영어로 표현하세요.

❶ Q 그는 지금 무엇을 하고 싶어 하나요?
he

A 그는 공원에서 달리고 싶어 해요.
run

❷ Q 그들은 지금 무엇을 하고 싶어 하나요?
they

A 그들은 공원에서 놀고 싶어 해요.
play

❸ Q 당신 언니는 지금 무엇을 하고 싶어 하나요?
your sister

A 우리 언니는 공원에서 배드민턴을 치고 싶어 해요.
play badminton

✿ right now 지금 (바로)

Q What *are you skilled* at?
당신은 무엇에 능숙한가요?

A *I'm skilled* at working with computers.
저는 컴퓨터를 능숙하게 다루어요.

우리말 뜻을 참고하여 영어로 표현하세요.

❶ Q 그녀는 무엇을 잘 하나요?
she/good

A 그녀는 컴퓨터를 잘 다루어요.
She/good

❷ Q 그는 무엇을 잘 못 하나요?
he/bad

A 그는 컴퓨터를 잘 못 다루어요.
He/bad

❸ Q 당신의 아빠는 무엇에 재능이 있나요?
your dad/talented

A 우리 아빠는 컴퓨터를 다루는 데 재능이 있어요.
My dad/talented

❊ be skilled at …에 능숙하다 • be good at …을 잘 다루다 • be bad at …을 잘 못 다루다 • be talented at …에 재능이 있다

낭·독·하·기 ☐☐☐☐☐ | 암·송·하·기 ○○○○○

Q What ***do you*** do with ***your*** time?
당신은 무엇을 하며 시간을 보내나요?

A ***I spend*** a lot of time ***reading***.
저는 독서하면서 많은 시간을 보내요.

우리말 뜻을 참고하여 영어로 표현하세요.

❶ **Q** 그녀는 무엇을 하며 시간을 보내나요?
she/her

A 그녀는 운동을 하면서 많은 시간을 보내요.
exercising

❷ **Q** 당신 남동생은 무엇을 하며 시간을 보내나요?
your little brother/his

A 제 남동생은 문자를 하면서 많은 시간을 보내요.
texting

❸ **Q** 당신 부모님은 무엇을 하며 시간을 보내나요?
your parents/their

A 우리 부모님은 음악을 들으면서 많은 시간을 보내요.
listening to music

✿ 「spend+시간+동사-ing」 …하면서 시간을 보내다 • text 문자를 보내다

Review

053-066 그림을 보고 영어로 말해 보세요.

회화에서 유용하게 쓸 수 있는
영어 속담 4

- **Every dog has his day.**
  개들도 모두 자기 날이 있다. (쥐구멍에도 볕들 날 있다.)

- **Speech is silver, silence is gold.**
  웅변은 은이요, 침묵은 금이다.

- **The world is his who enjoys it.**
  세상은 즐기는 자의 것이다.

- **If you laugh, blessings will come your way.**
  웃으면 복이 온다. (소문만복래)

- **He laughs best who laughs last.**
  마지막에 웃는 자가 가장 잘 웃는 자이다. (끝까지 잘 해내는 사람이 진정한 승자다.)

UNIT 06 Which

시작 월 일 :
마침 월 일 :

☆ **Which** *is better, a laptop or a tablet?* (Which: 주어)
노트북 컴퓨터와 태블릿 PC 중 어떤 것이 더 좋나요?

Which *do you like best?* (Which: 목적어)
어떤 것을 가장 좋아하나요?

의문사 Which는 '어떤 것' 또는 '어떤 …'을 뜻합니다. 문장에서 주어나 목적어의 역할을 합니다.

☆ **Which ocean** *is the biggest?* (Which+명사: 주어)
어떤 바다가 가장 큰 가요?

Which of the chairs *did you like best?* (Which of ~: 목적어)
의자들 중 어떤 것이 가장 마음에 들었나요?

Which는 「Which+명사」의 형태로 '어떤 (명사)'를 의미하고 「Which of+복수명사[복수 대명사]」의 형태로 '…들 중 어떤 것'이란 뜻으로 쓰입니다.

Q **Which is *more convenient*, a laptop or a tablet?**
노트북 컴퓨터와 태블릿 PC 중 어떤 게 더 편리한가요?

A **A tablet is *more convenient*.**
태블릿 PC가 더 편리해요.

우리말 뜻을 참고하여 영어로 표현하세요.

1 Q 노트북 컴퓨터와 태블릿 PC 중 어떤 게 더 비싼가요?
more expensive

A 태블릿 PC가 더 비싸요.
more expensive

2 Q 노트북 컴퓨터와 태블릿 PC 중 어떤 게 덜 비싼가요?
less expensive

A 태블릿 PC가 덜 비싸요.
less expensive

3 Q 노트북 컴퓨터와 태블릿 PC 중 어떤 게 더 작은가요?
smaller

A 태블릿 PC가 더 작아요.
smaller

★ small 같은 짧은 형용사의 비교급은 「형용사-er」의 형태를 써요.

Q Which do you prefer, *meat* or *fish*?
당신은 고기와 생선 중 어떤 것을 더 좋아하나요?

A I prefer *fish*.
저는 생선을 더 좋아해요.

우리말 뜻을 참고하여 영어로 표현하세요.

① **Q** 당신은 피자와 스파게티 중 어떤 것을 더 좋아하나요?
pizza / spaghetti

A 저는 스파게티를 더 좋아해요.
spaghetti
------

② **Q** 당신은 딸기와 토마토 중 어떤 것을 더 좋아하나요?
strawberries / tomatoes

A 저는 딸기를 더 좋아해요.
strawberries
------

③ **Q** 당신은 조깅과 요가 중 어떤 것을 더 좋아하나요?
jogging / yoga

A 저는 요가를 더 좋아해요.
yoga

❋ prefer …을 (더) 좋아하다

Q **Which food has a lot of *vitamin C*?**
어떤 음식에 비타민 C가 많나요?

A ***Pineapple has*** a lot of ***vitamin C***.
파인애플에 비타민 C가 많아요.

우리말 뜻을 참고하여 영어로 표현하세요.

❶ Q 어떤 음식에 비타민 E가 많나요?
vitamin E

A 해바라기 씨에 비타민 E가 많아요.
Sunflower seeds

❷ Q 어떤 음식에 지방이 많나요?
fat

A 베이컨에 지방이 많아요.
Bacon

❸ Q 어떤 음식에 단백질이 많나요?
protein

A 닭가슴살에 단백질이 많아요.
Chicken breast

🌸 a lot of 많은 • fat 지방 • protein 단백질

낭·독·하·기 ☐☐☐☐☐   암·송·하·기 ○○○○○

Q Which **smartphone** has the most features?
어떤 스마트폰이 특별한 기능이 가장 많나요?

A I think **iPhone** has the most.
제 생각에는 아이폰이 가장 많은 것 같아요.

우리말 뜻을 참고하여 영어로 표현하세요.

❶ **Q** 어떤 노트북 컴퓨터가 특별한 기능이 가장 많나요?
laptop

A 제 생각에는 맥북 프로가 가장 많은 것 같아요.
MacBook Pro

❷ **Q** 어떤 태블릿 PC가 특별한 기능이 가장 많나요?
tablet

A 제 생각에는 갤럭시탭이 가장 많은 것 같아요.
Galaxy Tab

❸ **Q** 어떤 디지털 카메라가 특별한 기능이 가장 많나요?
digital camera

A 제 생각에는 소니 디지털 카메라가 가장 많은 것 같아요.
Sony digital camera

🌸 feature 특징, 특별한 기능 • I think ~ 내 생각에는 …

Q Which food goes best with *Coke*?
어떤 음식이 콜라와 가장 잘 어울리나요?

A *Hamburgers* go best with *Coke*.
햄버거가 콜라와 가장 잘 어울려요.

우리말 뜻을 참고하여 영어로 표현하세요.

1 **Q** 어떤 음식이 케첩과 가장 잘 어울리나요?
ketchup

A 감자튀김이 케첩과 가장 잘 어울려요.
French fries

2 **Q** 어떤 음식이 겨자와 가장 잘 어울리나요?
mustard

A 핫도그가 겨자와 가장 잘 어울려요.
Hotdogs

3 **Q** 어떤 음식이 생크림과 가장 잘 어울리나요?
whipped cream

A 애플파이가 생크림과 가장 잘 어울려요.
Apple pies

● go with 잘 어울리다

Q Which cellphone case *do you* like best?
어떤 휴대전화 케이스가 가장 마음에 드나요?

A *I like* the *green* one best.
저는 초록색으로 된 게 가장 마음에 들어요.

우리말 뜻을 참고하여 영어로 표현하세요.

1 Q 그녀는 어떤 핸드폰 케이스를 가장 마음에 들어 하나요?
she

A 그녀는 노란색으로 된 걸 가장 마음에 들어 해요.
yellow

2 Q 그는 어떤 핸드폰 케이스를 가장 마음에 들어 하나요?
he

A 그는 검정색으로 된 걸 가장 마음에 들어 해요.
black

3 Q 그들은 어떤 핸드폰 케이스를 가장 마음에 들어 하나요?
they

A 그들은 노랑과 검정으로 된 걸 가장 마음에 들어 해요.
yellow and black

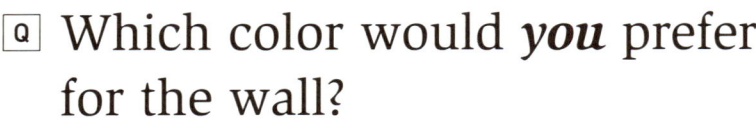

Q Which color would *you* prefer for the wall?
당신은 벽에 어떤 색깔이 더 마음에 드나요?

A *I'd* prefer *light blue*.
저는 연한 파란색이 더 마음에 들어요.

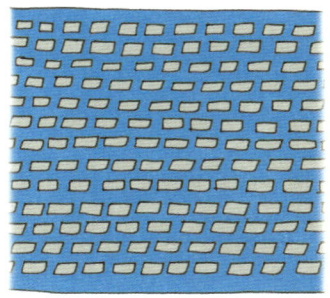

우리말 뜻을 참고하여 영어로 표현하세요.

❶ **Q** 그녀는 벽에 어떤 색깔을 더 마음에 들어 하나요?
she

A 그녀는 진한 갈색을 더 마음에 들어 해요.
dark brown

❷ **Q** 당신 아버지는 벽에 어떤 색깔을 더 마음에 들어 하나요?
your father

A 우리 아버지는 감청색을 더 마음에 들어 해요.
navy blue

❸ **Q** 그들은 벽에 어떤 색깔을 더 마음에 들어 하나요?
they

A 그들은 연한 초록색을 더 마음에 들어 해요.
light green

● I'd는 I would의 줄임말이에요. ● dark (색이) 진한 ● light (색이) 연한

낭·독·하·기 ☐☐☐☐☐ 암·송·하·기 ○○○○○

Q **Which of the *songs* did you like?**
그 노래들 중 어떤 것이 마음에 들었나요?

A **I liked the *first song*.**
저는 첫 번째 노래가 마음에 들었어요.

우리말 뜻을 참고하여 영어로 표현하세요.

1 Q 그 책들 중 어떤 것이 마음에 들었나요?
books

A 저는 두 번째 책이 마음에 들었어요.
second book

2 Q 그 게임들 중 어떤 것이 마음에 들었나요?
games

A 저는 세 번째 게임이 마음에 들었어요.
third game

3 Q 그 집들 중 어떤 것이 마음에 들었나요?
houses

A 저는 마지막 집이 마음에 들었어요.
last house

낭·독·하·기 ☐☐☐☐☐ | 암·송·하·기 ○○○○○

Q **Which of Shakespeare's plays *have you read*?**
당신은 셰익스피어의 희곡들 중 어떤 것을 읽었나요?

A ***I've read** Romeo and Juliet.*
저는 『로미오와 줄리엣』을 읽었어요.

우리말 뜻을 참고하여 영어로 표현하세요.

❶ Q 그들은 셰익스피어의 희곡들 중 어떤 것을 읽었나요?
과거 - they
_____

A 그들은 『로미오와 줄리엣』을 읽었어요.
They
_____

❷ Q 그녀는 셰익스피어의 희곡들 중 어떤 것을 읽고 있나요?
현재진행 - she
_____

A 그녀는 『로미오와 줄리엣』을 읽고 있어요.
She
_____

❸ Q 레이첼은 셰익스피어의 희곡들 중 어떤 것을 읽고 있었나요?
과거진행 - Rachel
_____

A 레이첼은 『로미오와 줄리엣』을 읽고 있었어요.
Rachel
_____

● play 희곡

낭·독·하·기 ☐☐☐☐☐ 암·송·하·기 ○○○○○

Q Which team *are you cheering* for?
당신들은 어느 팀을 응원하고 있나요?

A *We are cheering* for Real Madrid.
우리는 레알 마드리드를 응원하고 있어요.

우리말 뜻을 참고하여 영어로 표현하세요.

1 **Q** 찰스는 어느 팀을 응원했나요?
과거 - Charles

A 그는 레알 마드리드를 응원했어요.
He

2 **Q** 그의 친구들은 어느 팀을 응원했나요?
현재완료 - his friends

A 그들은 레알 마드리드를 응원했어요.
They

----

3 **Q** 그녀의 오빠는 어느 팀을 응원할 건가요?
미래 (will) - her brother

A 그는 레알 마드리드를 응원할 거예요.
He

Q **Which club *do you* belong to?**
당신은 어느 동아리에 속해 있나요?

A ***I belong to a cooking club.***
저는 요리 동아리에 속해 있어요.

우리말 뜻을 참고하여 영어로 표현하세요.

1 Q 그들은 어느 동아리에 속해 있나요?
they

A 그들은 테니스 동아리에 속해 있어요.
a tennis club

2 Q 린다는 어느 동아리에 속해 있나요?
Linda

A 린다는 독서 동아리에 속해 있어요.
a book club

3 Q 당신 사촌 린다는 어느 동아리에 속해 있나요?
your cousin Linda

A 제 사촌 린다는 미술 동아리에 속해 있어요.
an art club

| 낭·독·하·기 ☐☐☐☐☐ | 암·송·하·기 ○○○○○ |

Q Which subject *do you find* most interesting?
당신은 어떤 과목이 가장 흥미로운가요?

A *I find art* most interesting.
저는 미술이 가장 흥미로워요.

우리말 뜻을 참고하여 영어로 표현하세요.

1 **Q** 그는 어떤 과목을 가장 흥미로워하나요?
he

A 그는 역사를 가장 흥미로워해요.
history

2 **Q** 당신 누나는 어떤 과목을 가장 흥미로워하나요?
your sister

A 우리 누나는 영어를 가장 흥미로워해요.
English

3 **Q** 그 학생들은 어떤 과목을 가장 흥미로워하나요?
the students

A 그들은 음악을 가장 흥미로워해요.
music

● 「find+A+형용사」 A가 …하다는 걸 알게 되다, 알다

Review

067-078 그림을 보고 영어로 말해 보세요.

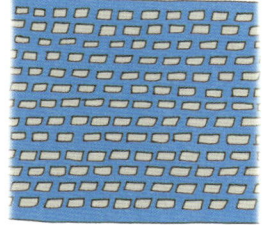

회화에서 유용하게 쓸 수 있는
영어 속담 5

- **The more, the better.**
  많을수록 좋다. [다다익선多多益善]

- **Easy come, easy go.**
  쉽게 얻은 것은 쉽게 잃는다.

- **There's no place like home.**
  자기 집처럼 편한 곳은 없다.

- **A friend in need is a friend indeed.**
  곤궁할 때 돕는 친구가 진정한 친구다.

- **You can't tell a book by its cover.**
  겉모습만 보고 판단할 수 없다.

UNIT 07
Why

시작　월　일　：
마침　월　일　：

☆ **Q** ***Why** is kimchi so popular?*
왜 김치가 그렇게 인기가 있죠?

A *Because kimchi is good for your health.*
왜냐하면 김치가 건강에 좋기 때문이에요.

'왜'라고 원인이나 이유가 궁금할 때는 Why를 문장 맨 앞에 두어 물어볼 수 있습니다. 그리고 보통 이렇게 Why로 시작하는 질문에는 '왜냐하면'의 뜻인 because를 사용해 대답합니다. 하지만 꼭 because를 써야 하는 건 아니고, because를 쓰지 않고 말하는 경우도 많습니다.

Tip 다음 표현에 주의하세요!
'Why don't you ~?'는 '…할래요?, …하는 게 어때요?'라는 '제안'이나 '권유'의 의미로 써요.
Q: **Why don't you** come in?
들어올래요? (왜 안 들어와요? ✗)
A: Sorry, but I have to go home.
미안하지만 집에 가 봐야 해요.

Q **Why *are you* crying?**
왜 당신은 울고 있나요?

A **Because *my* mom broke *my* favorite *vase*.**
우리 엄마가 내가 가장 좋아하는 꽃병을 깨뜨렸기 때문이에요.

우리말 뜻을 참고하여 영어로 표현하세요.

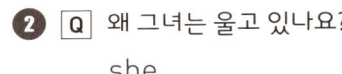

❶ Q 왜 그는 울고 있나요?
he

A 그의 엄마가 그가 가장 좋아하는 머그 잔을 깨뜨렸기 때문이에요.
his / mug

❷ Q 왜 그녀는 울고 있나요?
she

A 그녀의 엄마가 그녀가 가장 좋아하는 접시를 깨뜨렸기 때문이에요.
her / plate

❸ Q 왜 그들은 울고 있나요?
they

A 그들의 엄마가 그들이 가장 좋아하는 찻주전자를 깨뜨렸기 때문이에요.
their / tea pot

낭·독·하·기 ☐☐☐☐☐ | 암·송·하·기 ○○○○○

Q **Why *is Linda* so smart?**
왜 린다는 그렇게 똑똑하죠?

A ***She reads books*** **all the time.**
그녀는 늘 책을 읽어요.

우리말 뜻을 참고하여 영어로 표현하세요.

1 **Q** 왜 그는 그렇게 똑똑하죠?
he

A 그는 늘 백과사전을 읽어요.
encyclopedias

2 **Q** 왜 그들은 그렇게 똑똑하죠?
they

A 그들은 늘 신문을 읽어요.
newspapers

3 **Q** 왜 그녀의 언니는 그렇게 똑똑하죠?
her sister

A 그녀의 언니는 늘 여러 잡지를 읽어요.
various magazines

❋ all the time 늘(=always) • encyclopedia 백과사전 • various 다양한, 여러 (가지) …

Q **Why *are you*** going to the doctor?
왜 당신은 병원에 가고 있는 거예요?

A ***My stomach*** really hurts.
배가 정말 아파서요.

우리말 뜻을 참고하여 영어로 표현하세요.

❶ Q 왜 그는 병원에 가고 있는 거예요?
he

A 팔이 정말 아파서요.
His arm

❷ Q 왜 그녀는 병원에 가고 있는 거예요?
she

A 왼쪽 발이 정말 아파서요.
Her left foot

❸ Q 왜 그 남자는 병원에 가고 있는 거예요?
the man

A 오른쪽 어깨가 정말 아파서요.
His right shoulder

● go to the doctor 병원에 가다, 진찰 받으러 가다 ● hurt 아프다

낭·독·하·기 ☐☐☐☐☐ 암·송·하·기 ○○○○○

Q Why do you like *soccer*?
왜 당신은 축구를 좋아하나요?

A *It's* easy to *play* anywhere.
어디서나 하기 쉽잖아요.

우리말 뜻을 참고하여 영어로 표현하세요.

1 Q 왜 당신은 햄버거를 좋아하나요?
hamburgers

A 어디서나 먹기 쉽잖아요.
They/eat

2 Q 왜 당신은 콜라를 좋아하나요?
Coke

A 어디서나 마시기 쉽잖아요.
It/drink

3 Q 왜 당신은 라면을 좋아하나요?
ramen noodles

A 어디서나 요리하기 쉽잖아요.
They/cook

❋ 여기 문장에서 easy 뒤에 나온 「to+동사원형」은 '…하기에'의 뜻이에요.

Q **Why *are you*** studying so hard?
왜 당신은 그렇게 열심히 공부하는 거예요?

A ***I want*** to make ***my parents*** happy.
부모님을 기쁘게 해드리고 싶어요.

우리말 뜻을 참고하여 영어로 표현하세요.

1 Q 왜 제이콥은 그렇게 열심히 공부하는 거예요?
Jacob

A 제이콥은 그의 선생님을 기쁘게 해드리고 싶어 해요.
his teacher

2 Q 왜 로라는 그렇게 열심히 공부하는 거예요?
Laura

A 로라는 그녀의 어머니를 기쁘게 해드리고 싶어 해요.
her mother

3 Q 왜 그 아이들은 그렇게 열심히 공부하는 거예요?
the children

A 그 아이들은 자기 할머니 할아버지를 기쁘게 해드리고 싶어 해요.
their grandparents

★ 「make+A+형용사」 A를 …한 상태로 만들다, A를 …하게 만들다

Q Why ***do you*** go shopping?
왜 당신은 쇼핑을 가나요?

A ***I go*** shopping to buy ***sneakers***.
저는 운동화 사려고 쇼핑을 가요.

우리말 뜻을 참고하여 영어로 표현하세요.

❶ Q 왜 그녀는 쇼핑을 가나요?
she

A 그녀는 옷을 사려고 쇼핑을 가요.
clothes

❷ Q 왜 그의 어머니는 쇼핑을 가나요?
his mother

A 그의 어머니는 식료품을 사려고 쇼핑을 가요.
groceries

❸ Q 왜 그들은 쇼핑을 가나요?
they

A 그들은 크리스마스 선물을 사려고 쇼핑을 가요.
Christmas gifts

Q **Why *do you* take the subway?**
왜 당신은 지하철을 타나요?

A **It's *cheaper* than the bus.**
그게 버스보다 싸요.

우리말 뜻을 참고하여 영어로 표현하세요.

1 Q 왜 그 학생들은 지하철을 타나요?
the students

A 그게 버스보다 빨라요.
faster

2 Q 왜 로라는 지하철을 타나요?
Laura

A 그게 버스보다 덜 비싸요.
less expensive

3 Q 왜 그는 지하철을 타나요?
he

A 그게 버스보다 편해요.
more convenient

● 「형용사+-er」이나 「more+형용사」로 '더 …한'이란 비교의 뜻을 표현할 수 있어요. 참고로 「less+형용사」는 '덜 …한'의 뜻이에요.

낭·독·하·기 ☐☐☐☐☐ 암·송·하·기 ○○○○○

Q **Why *is William* running?**
왜 윌리엄이 뛰어 가나요?

A ***He is* late for *his appointment*.**
그는 약속 시간에 늦었어요.

우리말 뜻을 참고하여 영어로 표현하세요.

1 Q 왜 그녀가 뛰어 가나요?
she

A 그녀는 친구 파티에 늦었어요.
She/her friend's party

2 Q 왜 그의 아버지가 뛰어 가나요?
his father

A 그는 직장에 늦었어요.
He/work

3 Q 왜 학생들이 뛰어 가나요?
the students

A 그들은 수업에 늦었어요.
They/class

● be late for …에 늦다

Q **Why *do you* want *a bike*?**
왜 당신은 자전거가 갖고 싶어요?

A ***I want* to ride it to school.**
저는 그걸 타고 학교에 가고 싶어요.

우리말 뜻을 참고하여 영어로 표현하세요.

1 Q 왜 그녀는 새 자전거를 갖고 싶어 해요?
she / a new bike

A 그녀는 그걸 타고 학교에 가고 싶어 해요.
She

2 Q 왜 그의 형은 오토바이를 갖고 싶어 해요?
his brother / a motorcycle

A 그의 형은 그걸 타고 학교에 가고 싶어 해요.
His brother

3 Q 왜 그녀의 언니는 스케이트보드를 갖고 싶어 해요?
her sister / a skateboard

A 그녀의 언니는 그걸 타고 학교에 가고 싶어 해요.
Her sister

● want …을 원하다, …을 갖고 싶어 하다 • ride …을 타다

낭·독·하·기 ☐☐☐☐☐ | 암·송·하·기 ○○○○○

Q **Why *are you*** leaving so soon?
왜 당신은 이렇게 일찍 가요?

A ***My mother*** is sick.
우리 어머니가 아파서요.

우리말 뜻을 참고하여 영어로 표현하세요.

1 Q 왜 그는 이렇게 일찍 가나요?
he

A 그의 삼촌이 아파서요.
His uncle

2 Q 왜 그들은 이렇게 일찍 가나요?
they

A 그들의 할머니가 아파서요.
Their grandma

3 Q 왜 린다는 이렇게 일찍 가나요?
Linda

A 그녀의 아버지가 아파서요.
Her father

Q **Why *are you looking*** at the stars?
왜 당신은 별들을 보고 있나요?

A ***I am trying*** to find the Big Dipper.
저는 북두칠성을 찾으려 하고 있어요.

우리말 뜻을 참고하여 영어로 표현하세요.

1 Q 왜 그는 별들을 보았나요?
과거 - he
_____

A 그는 북두칠성을 찾으려 했어요.
He
_____

2 Q 왜 당신 사촌은 별들을 보았나요?
현재완료 - your cousin
_____

A 우리 사촌은 북두칠성을 찾으려 했어요.
My cousin
_____

3 Q 왜 당신 친구들은 별들을 보고 있었나요?
과거진행 - your friends
_____

A 내 친구들은 북두칠성을 찾으려 하고 있었어요.
My friends
_____

● Big Dipper 북두칠성

낭·독·하·기 ▢▢▢▢▢ | 암·송·하·기 ○○○○○

Q Why ***do you*** need a new ***sweater***?
왜 당신은 새 스웨터가 필요한가요?

A ***I am*** growing out of the old one.
제가 자라서 예전 것이 몸에 안 맞아요.

우리말 뜻을 참고하여 영어로 표현하세요.

❶ Q 그녀는 왜 새 치마가 필요한가요?
she/skirt
_____

A 그녀가 자라서 예전 것이 안 맞아요.
She
_____

❷ Q 그는 왜 새 정장이 필요한가요?
he/suit
_____

A 그가 자라서 예전 것이 안 맞아요.
He
_____

❸ Q 당신 남동생은 왜 새 모자 달린 옷이 필요한가요?
your little brother/hoodie
_____

A 제 남동생이 자라서 예전 것이 안 맞아요.
My little brother
_____

● 「grow out of+옷[신발]」 자라서 옷[신발]이 안 맞다

낭·독·하·기 ☐☐☐☐☐ | 암·송·하·기 ○○○○○

Q **Why don't you join us for *lunch*?**
우리와 함께 점심 먹을래요?

A **That would be *nice*.**
그거 좋겠는데요.

우리말 뜻을 참고하여 영어로 표현하세요.

1 **Q** 우리와 함께 저녁 먹을래요?
dinner

A 그거 아주 좋겠는데요.
very nice

2 **Q** 우리와 함께 차나 커피 마실래요?
tea or coffee

A 그거 멋지겠는데요.
cool

3 **Q** 우리와 함께 게임 할래요?
a game

A 그거 끝내주겠는데요.
awesome

🌸 cool 멋진, 좋은 • awesome 끝내주는, 굉장한 • Why don't you ~?는 '~하는 게 어때?, ~할래?'의 제안이나 권유를 나타내는 표현이에요.

Q **Why don't we go *swimming*?**
수영하러 갈래요?

A **That sounds *great*.**
그거 좋겠네요.

우리말 뜻을 참고하여 영어로 표현하세요.

1 Q 하이킹하러 갈래요?
hiking

A 그거 멋지겠네요.
cool

2 Q 쇼핑하러 갈래요?
shopping

A 그거 괜찮겠네요.
perfect

3 Q 낚시하러 갈래요?
fishing

A 그거 재미있겠네요.
interesting

※ 「Sound + 형용사」 …하게 들리다 • Why don't we ~?는 말하는 나도 포함하여 어떤 행동을 하자고 제안하는 것이에요.

Review

079-092 그림을 보고 영어로 말해 보세요.

079

080

081

082

083

084

085

086

087

088
089
090
091
092

회화에서 유용하게 쓸 수 있는
영어 속담 6

- **More haste, less speed.**
  급할수록 천천히.

- **East or west, home is best.**
  동쪽으로 가든 서쪽으로 가든, 집이 최고다.(어디를 가도 집만한 데가 없다.)

- **It never rains but it pours.**
  비가 올 때는 그냥 내리지 않고 퍼붓는다. (엎친 데 덮친 격이다.)

- **The shortest answer is doing.**
  가장 짧은 대답은 해내는 것이다.

- **An eye for an eye, and a tooth for a tooth.**
  눈에는 눈, 이에는 이.

UNIT 08
How

시작 　월　 　일　 　：　
마침 　월　 　일　 　：　

☆ **Q** **How** *does your mother feel?*
　　당신 어머니는 좀 어떠세요?

　A *She feels much better.*
　　훨씬 좋아지셨어요.

누군가의 상태나 느낌, 또는 일을 하는 방법이 궁금할 때는 '어떻게', '어떠하여'의 뜻인 의문사 How를 활용해 물어볼 수 있습니다. 역시 지금까지 배운 의문사처럼 문장 맨 앞에 놓입니다.

Tip 다음 표현을 잘 알아두세요!
How가 「How about+명사?」나 「How about+-ing?」의 형태로 쓰이게 되면 '~ 어때요?', '~하는 게 어때요?' 같은 '제안'이나 '권유'의 뜻이에요.

Q: How about tomorrow?
　　내일 어때요?
A: That sounds good to me.
　　저는 좋아요.

Q: How about eating hamburgers?
　　햄버거를 먹는 게 어때요?
A: Sure, I'd love to.
　　좋아요, 저도 먹고 싶어요.

Q How *does Linda* look today?
오늘 린다가 어때 보여요?

A *She looks tired.*
그녀는 피곤한 것 같아요.

우리말 뜻을 참고하여 영어로 표현하세요.

1 Q 오늘 윌리엄은 어때 보여요?
William

A 그는 화가 난 것 같아요.
He/angry

2 Q 오늘 당신 어머니는 어때 보여요?
your mother

A 그녀는 몸이 안 좋은 것 같아요.
She/sick

3 Q 오늘 당신 부모님들은 어때 보여요?
your parents

A 그들은 즐거운 것 같아요.
They/happy

● look …하게 보이다(look 뒤에 상태를 설명하는 형용사가 와요.)

Q How ***will you contact*** your boyfriend?
당신은 남자친구에게 어떻게 연락할 건가요?

A I***'ll text*** him.
저는 그에게 문자를 할 거예요.

우리말 뜻을 참고하여 영어로 표현하세요.

1 **Q** 당신은 남자친구에게 어떻게 연락하나요?
현재

A 저는 그에게 이메일을 해요.
email

2 **Q** 당신은 남자친구에게 어떻게 연락했나요?
과거

A 저는 그에게 전화를 했어요.
call

3 **Q** 당신은 남자친구에게 어떻게 연락했나요?
현재완료

A 저는 그에게 편지들을 보냈어요.
sent letters to

낭·독·하·기 ☐☐☐☐☐ 암·송·하·기 ○○○○○

Q How can I help *you*?
어떻게 도와줄까요?

A You can hold *these books* for *me*.
저를 위해 이 책들을 좀 들어주시면 돼요.

우리말 뜻을 참고하여 영어로 표현하세요.

① Q 어떻게 제인을 도와줄까요?
Jane

A 그녀를 위해 노트북 컴퓨터를 좀 들어주시면 돼요
the laptop/her

② Q 어떻게 톰을 도와줄까요?
Tom

A 그를 위해 머그잔을 좀 들어주시면 돼요.
the mug/him

③ Q 어떻게 그 학생들을 도와줄까요?
the students

A 그들을 위해 가방들을 좀 들어주시면 돼요.
the bags/them

낭·독·하·기 ☐☐☐☐☐ 암·송·하·기 ○○○○○

Q How ***do you*** like ***your*** coffee?
커피를 어떻게 드세요?

A ***I like my*** coffee ***hot***.
저는 커피를 뜨겁게 해서 마셔요.

우리말 뜻을 참고하여 영어로 표현하세요.

1 **Q** 그는 커피를 어떻게 마셔요?
he/his

A 그는 커피를 진하게 마셔요.
strong

2 **Q** 그녀는 커피를 어떻게 마셔요?
she/her

A 그녀는 커피를 달게 마셔요.
sweet

3 **Q** 그들은 커피를 어떻게 마셔요?
they/their

A 그들은 커피를 연하게 마셔요.
weak

❀ How do you like your coffee?는 '커피를 어떻게 마시세요?'라고 물어볼 때 쓰는 표현이에요. 커피와 관련해 쓸 때 strong은 '진한', weak는 '연한' 것을 의미해요.

Q **How *do you* like *your* steak?**
스테이크를 어떻게 해서 드세요?

A ***I like my* steak *well-done*.**
저는 스테이크를 바짝 익혀서 먹어요.

우리말 뜻을 참고하여 영어로 표현하세요.

1 Q 그는 스테이크를 어떻게 해서 먹나요?
he/his

A 그는 스테이크를 적당히 익혀서 먹어요.
medium

2 Q 그녀는 스테이크를 어떻게 해서 먹나요?
she/her

A 그녀는 스테이크를 덜 익혀서 먹어요.
rare

3 Q 그녀의 부모님은 스테이크를 어떻게 해서 드세요?
her parents/their

A 그녀의 부모님은 스테이크를 살짝 익혀서 먹어요.
medium rare

낭·독·하·기 ☐☐☐☐☐ 암·송·하·기 ○○○○○

Q How **do you** like **your** new **jacket**?
당신은 새 재킷이 마음에 드나요?

A ***I like it*** very much.
저는 그것이 아주 마음에 들어요.

우리말 뜻을 참고하여 영어로 표현하세요.

① **Q** 그들은 새 코트가 마음에 드나요?
they/their/coat
_____

A 그들은 그것을 아주 마음에 들어 해요.
it
_____

② **Q** 그는 새 친구들이 마음에 드나요?
he/his/friends
_____

A 그는 그들을 아주 마음에 들어 해요.
them
_____

③ **Q** 로라는 새 부츠가 마음에 드나요?
Laura/her/boots
_____

A 로라는 그것을 아주 마음에 들어 해요.
them
_____

❋ 여기서의 How do you like ~?는 '…가 얼마나 마음에 들어요?'라는 의미예요. 097에서 훈련한 것과 똑같은 How do you like~?지만 문맥에 따라 달리 해석해야 해요.

Q **How do you like *my hair*?**
제 머리 어때요?

A ***It looks* nice on *you*.**
당신한테 잘 어울려요.

우리말 뜻을 참고하여 영어로 표현하세요.

1 Q 그의 티셔츠 어때요?
his T-shirt

A 그한테 잘 어울려요.
It/him

2 Q 그녀의 블라우스 어때요?
her blouse

A 그녀한테 잘 어울려요.
It/her

3 Q 제인의 새 운동화 어때요?
Jane's new sneakers

A 제인한테 잘 어울려요.
They/Jane

❋ How do you like ~?는 '…는 어때요?(~가 괜찮은 것 같아요?)'의 의미로도 쓰여요. '…에게 잘 어울리는'이라고 할 때 good[nice] on ~이라고 하는 것, 꼭 알아두세요.

낭·독·하·기 ☐☐☐☐☐ | 암·송·하·기 ○○○○○

Q How was the *film*?
영화가 어땠어요?

A It was *awesome*.
끝내줬어요.

우리말 뜻을 참고하여 영어로 표현하세요.

1 **Q** 콘서트가 어땠어요?
concert

A 굉장했어요.
amazing

2 **Q** 여행이 어땠어요?
trip

A 재미있었어요.
fun

3 **Q** 비행은 어땠어요?
flight

A 너무 길었어요.
too long

★ amazing 놀라운, 굉장한 • flight 비행, 비행기 여행

Q How *was the TOEFL test*?
토플 시험이 어땠어요?

A *It was more difficult* than I expected.
제가 생각한 것보다 어려웠어요.

우리말 뜻을 참고하여 영어로 표현하세요.

1 Q 토익 시험이 어땠어요?
the TOEIC test

A 제가 생각한 것보다 덜 어려웠어요.
It / less difficult

2 Q 수학 시험이 어땠어요?
the math test

A 제가 생각한 것보다 쉬웠어요.
It / easier

3 Q 학기말 시험이 어땠어요?
your final exams

A 제가 생각한 것보다 훨씬 쉬웠어요.
They / a lot easier

※ than I expected 내가 생각[예상]했던 것보다 • 「less+형용사」 덜 …한 • a lot (비교급 앞에서) 훨씬

낭·독·하·기 ☐☐☐☐☐ | 암·송·하·기 ○○○○○

Q How did the *soccer* game turn out?
축구 경기 결과가 어떻게 됐어요?

A *My* favorite team won the game.
제가 좋아하는 팀이 경기에서 이겼어요.

우리말 뜻을 참고하여 영어로 표현하세요.

1 **Q** 야구 경기 결과가 어떻게 됐어요?
baseball _____

A 그가 좋아하는 팀이 경기에서 이겼어요.
His _____

2 **Q** 농구 경기 결과가 어떻게 됐어요?
basketball _____

A 그녀가 좋아하는 팀이 경기에서 이겼어요.
Her _____

3 **Q** 배구 경기 결과가 어떻게 됐어요?
volleyball _____

A 우리 아버지가 좋아하는 팀이 경기에서 이겼어요.
My father's _____

🌸 turn out (결과가) 나오다, 판명되다

Q **How *do you spend your* free time?**
당신은 여가 시간을 어떻게 보내나요?

A ***I play* on *my* cellphone.**
저는 제 휴대전화기를 가지고 놀아요.

우리말 뜻을 참고하여 영어로 표현하세요.

❶ Q 그는 어떻게 여가 시간을 보냈나요?
과거 - he/his

A 그는 그의 휴대전화기를 가지고 놀았어요.
He/his

❷ Q 그녀의 언니는 어떻게 여가 시간을 보냈나요?
현재완료 - her sister/her

A 그녀의 언니는 자기 휴대전화기를 가지고 놀았어요.
Her sister/her

❸ Q 그들은 어떻게 여가 시간을 보낼 건가요?
미래 (will) - they/their

A 그들은 자기네 휴대전화기를 가지고 놀 거예요.
They/their

낭·독·하·기 ☐☐☐☐☐ | 암·송·하·기 ○○○○○

Q How do I get to the *gallery*?
미술관에 어떻게 가나요?

A You can get there *by subway*.
지하철을 타고 가면 돼요.

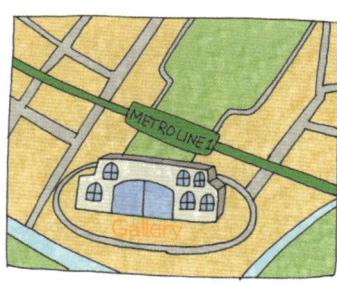

우리말 뜻을 참고하여 영어로 표현하세요.

1 **Q** 쇼핑센터에 어떻게 가나요?
mall

A 걸어서 가면 돼요.
on foot

2 **Q** 동물원에 어떻게 가나요?
zoo

A 버스를 타고 가면 돼요.
by bus

3 **Q** 과학 박물관에 어떻게 가나요?
science museum

A 택시를 타고 가면 돼요.
by taxi

❋ 「get to+장소 명사」 …에 도착하다(there는 '거기에'라는 뜻의 부사라서 to 없이 get there로 표기하는 것에 주의하세요.)

105

Q **How about some *orange juice*?**
오렌지 주스 어때요?

A **That would be *great*.**
그거 좋네요.

우리말 뜻을 참고하여 영어로 표현하세요.

❶ Q 과자 어때요?
cookies

A 그거 정말 좋네요.
cool

❷ Q 후식 어때요?
dessert

A 그거 괜찮네요.
nice

❸ Q 커피 좀 더 어때요?
more coffee

A 그거 완전 좋은데요.
wonderful

※ How about ~?은 '~은 어때?'로 '의견, 제안, 권유'를 나타내는 표현이에요. 전치사 about 뒤에는 명사 표현을 써요.

낭·독·하·기 ☐☐☐☐☐ 암·송·하·기 ○○○○○

Q How about going to the *cinema*?
영화관에 가는 거 어때요?

A That sounds *cool*.
그거 정말 좋네요.

우리말 뜻을 참고하여 영어로 표현하세요.

1 **Q** 공원에 가는 거 어때요?
park

A 그거 좋네요.
good

2 **Q** 콘서트에 가는 거 어때요?
concert

A 그거 저는 좋아요.
good to me

3 **Q** PC방에 가는 거 어때요?
Internet café

A 그거 좋은 생각 같네요.
like a good idea

❋ How about 뒤에 「동사-ing?」를 쓸 수도 있어요. • 'PC방'은 영어로는 Internet café 또는 PC Bang으로 표현해요.

Review

093-106 그림을 보고 영어로 말해 보세요.

093

094

095

096

097

098

099

100

101

회화에서 유용하게 쓸 수 있는
영어 속담 7

- **No news is good news.**
  무소식이 희소식이다.

- **Tastes differ.**
  취향도 제 각각이다.

- **Better late than never.**
  하지 않는 것보다는 늦었지만 하는 것이 더 낫다.

- **Walls have ears.**
  벽에도 귀가 있다. (낮 말은 새가 듣고 밤 말은 쥐가 듣는다.)

- **Too many cooks spoil the broth.**
  요리사가 너무 많으면 수프를 망친다. (사공이 많으면 배가 산으로 올라간다.)

UNIT 09
How old [often·many·much·long]

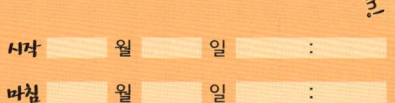

시작   월   일   :
마침   월   일   :

☆ **How long** *is the line-up?* (길이, 기간)
줄이 얼마나 길죠?

How often *do you phone her?* (횟수)
얼마나 자주 그녀에게 전화하나요?

How much *does the coat cost?* (가격, 수량)
그 코트는 얼마나 하나요?

How 다음에 old, often, many, much, long 같은 형용사나 부사가 오면 '얼마나', '몇'이라는 뜻으로 정도를 묻는 표현이 됩니다. 'How long ~?'이라고 하면 '(길이, 시간이) 얼마나 …한가요?' 라는 의미입니다. 또 'How old ~?'라고 하면 '…은 몇 살인가요?' 또는 '…은 얼마나 오래 되었나요?'라는 뜻입니다.

Q How old is *your sister*?
당신의 누나는 몇 살이에요?

A *She is nineteen* years old.
그녀는 19살이에요.

우리말 뜻을 참고하여 영어로 표현하세요.

1 Q 그는 몇 살이에요?
he

A 그는 15살이에요.
fifteen

2 Q 당신의 할머니는 몇 세이신가요?
your grandma

A 그녀는 75세예요.
seventy-five

3 Q 당신 아버지는 몇 살이에요?
your father

A 우리 아버지는 48세예요.
forty-eight

낭·독·하·기 ☐☐☐☐☐ | 암·송·하·기 ○○○○○

Q How often do you go to the *gym*?
당신은 얼마나 자주 헬스클럽에 가나요?

A I go to the *gym every day*.
저는 매일 헬스클럽에 가요.

우리말 뜻을 참고하여 영어로 표현하세요.

1 Q 당신은 얼마나 자주 치과에 가나요?
dentist

A 저는 세 달에 한 번 치과에 가요.
every three months

2 Q 당신은 얼마나 자주 영화 보러 가나요?
movies

A 저는 매달 영화 보러 가요.
every month

3 Q 당신은 얼마나 자주 쇼핑몰에 가나요?
mall

A 저는 2주에 한 번 쇼핑몰에 가요.
every two weeks

※ 「every+시간·기간 명사」 매 …마다, …에 한 번

Q How often *do you* eat out?
여러분은 얼마나 자주 외식을 하나요?

A *We eat out once a week.*
우리는 일주일에 한 번 외식을 해요.

우리말 뜻을 참고하여 영어로 표현하세요.

1 Q 당신 가족은 얼마나 자주 외식을 하나요?
your family

A 우리 가족은 일주일에 한 번 쯤 외식을 해요.
about once a week

2 Q 로라 가족은 얼마나 자주 외식을 하나요?
Laura's family

A 로라 가족은 한 달에 두 번 외식을 해요.
twice a month

3 Q 그들은 얼마나 자주 외식을 하나요?
they

A 그들은 한 달에 세 번 외식을 해요.
three times a month

● eat out 외식을 하다 ● about 약, … 쯤

낭·독·하·기 ☐☐☐☐☐ | 암·송·하·기 ○○○○○

Q How often ***do you*** play baseball?
당신은 얼마나 자주 야구를 하나요?

A ***I play*** baseball ***every Saturday***.
저는 매주 토요일마다 야구를 해요.

우리말 뜻을 참고하여 영어로 표현하세요.

❶ Q 그는 얼마나 자주 야구를 하나요?
he

A 그는 매주 수요일마다 야구를 해요.
every Wednesday

❷ Q 그 남자아이는 얼마나 자주 야구를 하나요?
the boy

A 그는 한 달에 두 번 야구를 해요.
twice a month

❸ Q 그 남자아이들은 얼마나 자주 야구를 하나요?
the boys

A 그들은 일주일에 한 번 야구를 해요.
once a week

Q How often **does Rachel** go grocery shopping?
레이첼은 얼마나 자주 장을 보러 가나요?

A **She goes** grocery shopping **every weekend**.
그녀는 주말마다 장을 보러 가요.

우리말 뜻을 참고하여 영어로 표현하세요.

❶ **Q** 당신 어머니는 얼마나 자주 장을 보러 가나요?
your mother

A 우리 어머니는 매주 장을 보러 가요.
every week

❷ **Q** 그는 얼마나 자주 장을 보러 가나요?
he

A 그는 2주에 한 번 장을 보러 가요.
every two weeks

❸ **Q** 그들은 얼마나 자주 장을 보러 가나요?
they

A 그들은 일주일에 두 번 장을 보러 가요.
twice a week

● go grocery shopping 장을 보러 가다

낭·독·하·기 ☐☐☐☐☐ 암·송·하·기 ○○○○○

Q How many siblings *do you* have?
당신은 형제가 몇 명이에요?

A *I have two siblings*.
저는 형제가 두 명이에요.

우리말 뜻을 참고하여 영어로 표현하세요.

1 **Q** 그녀는 형제가 몇 명이에요?
she

A 그녀는 오빠 한 명과 언니 한 명이 있어요.
one brother and one sister

2 **Q** 윌리엄은 형제가 몇 명이에요?
William

A 그는 남자형제가 두 명이고, 여자형제가 한 명이에요.
two brothers and one sister

3 **Q** 당신 사촌은 형제가 몇 명이에요?
your cousin

A 제 사촌은 남동생 한 명만 있어요.
only one little brother

🌸 siblings 형제, 형제자매

Q How many *copies* do we need?
우리는 복사본이 몇 부 필요하나요?

A We need *ten*.
우리는 10부가 필요해요.

우리말 뜻을 참고하여 영어로 표현하세요.

1 **Q** 우리는 책이 몇 권 필요하나요?
books

A 우리는 5권이 필요해요.
five
-----

2 **Q** 우리는 의자가 몇 개 필요하나요?
chairs

A 우리는 15개가 필요해요.
fifteen
-----

3 **Q** 우리는 탁자가 몇 개 필요하나요?
tables

A 우리는 3개가 필요해요.
three

낭·독·하·기 ☐☐☐☐☐ | 암·송·하·기 ○○○○○

Q How many *people* were at your birthday party?
당신의 생일 파티에 사람들이 몇 명 있었나요?

A There *were about a dozen*.
열 두 명 정도 있었어요.

우리말 뜻을 참고하여 영어로 표현하세요.

1 **Q** 당신의 생일 파티에 남자아이들이 몇 명 있었나요?
boys

A 딱 두 명 있었어요.
only a couple

2 **Q** 당신의 생일 파티에 여자아이들이 몇 명 있었나요?
girls

A 그냥 몇 명 있었어요.
just a few

3 **Q** 당신의 생일 파티에 친구들이 몇 명 있었나요?
friends

A 열 명 정도 있었어요.
about ten

❋ a dozen 12명[개] • a couple 둘 • a few 몇 명[개]

Q How much does your *tablet* cost?
당신 태블릿 PC는 가격이 얼마예요?

A It costs *200* dollars.
그건 가격이 200달러예요.

우리말 뜻을 참고하여 영어로 표현하세요.

❶ **Q** 당신 휴대전화기는 가격이 얼마예요?
cellphone

A 그건 가격이 550달러예요.
550

❷ **Q** 당신 노트북 컴퓨터는 가격이 얼마예요?
laptop

A 그건 가격이 10,000달러예요.
10,000

❸ **Q** 당신 디지털 카메라는 가격이 얼마예요?
digital camera

A 그건 가격이 350달러예요.
350

※ 1,000: one thousand   1,000,000: (one) million
  10,000: ten thousand   10,000,000: ten million

낭·독·하·기 ☐☐☐☐☐ | 암·송·하·기 ○○○○○

Q **How much *vinegar* do I have to add?**
제가 식초를 얼마나 넣어야 하나요?

A **You have to add *a spoonful* of *vinegar*.**
식초를 한 숟가락 넣어야 해요.

우리말 뜻을 참고하여 영어로 표현하세요.

① Q 제가 설탕을 얼마나 넣어야 하나요?
sugar

A 설탕을 두 숟가락 넣어야 해요.
two spoonfuls

② Q 제가 소금을 얼마나 넣어야 하나요?
salt

A 소금을 반 숟가락 넣어야 해요.
half a spoonful

③ Q 제가 참기름을 얼마나 넣어야 하나요?
sesame oil

A 참기름을 세 숟가락 넣어야 해요.
three spoonfuls

✿ Spoonful 한 숟가락 (가득한 양)

Q How much time **do you** need to finish?
끝마치려면 시간이 얼마나 필요해요?

A *I need* another **ten minutes**.
10분이 더 필요해요.

우리말 뜻을 참고하여 영어로 표현하세요.

❶ **Q** 당신 친구는 끝마치려면 시간이 얼마나 필요해요?
your friend

A 제 친구는 30분이 더 필요해요.
thirty minutes

❷ **Q** 제이콥은 끝마치려면 시간이 얼마나 필요해요?
Jacob

A 그는 한 시간이 더 필요해요.
hour

❸ **Q** 그들은 끝마치려면 시간이 얼마나 필요해요?
they

A 그들은 두 시간이 더 필요해요.
two hours

✽ another 더, 또

Q How long is *the ladder*?
사다리 길이가 얼마예요?

A It is *three meters* long.
길이가 3미터예요.

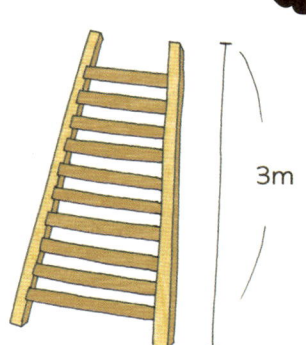

우리말 뜻을 참고하여 영어로 표현하세요.

1 Q 자 길이가 얼마예요?
the ruler

A 길이가 30센티미터예요.
30 centimeters

2 Q 탁자 길이가 얼마예요?
the table

A 길이가 1.5미터 예요.
1.5 meters

3 Q 만리장성 길이가 얼마예요?
the Great Wall of China

A 길이가 약 8,850킬로미터예요.
about 8,850 kilometers

❋ 1.5: one point five(소수점(.)은 point라고 읽어요.)/one and a half

Q How long have you been *living* here?
여기서 얼마나 오래 살고 있었나요?

A I've been *living* here *since 2010*.
2010년부터 여기서 살고 있었어요.

Since 2010

우리말 뜻을 참고하여 영어로 표현하세요.

1 **Q** 여기서 얼마나 오래 기다리고 있었나요?
waiting

A 네 시부터 여기서 기다리고 있었어요.
since four o'clock

2 **Q** 여기서 얼마나 오래 공부하고 있었나요?
studying

A 두 시간째 여기서 공부하고 있었어요.
for two hours

3 **Q** 여기서 얼마나 오래 머무르고 있었나요?
staying

A 일주일째 여기서 머무르고 있었어요.
for a week

※ 「since+시간」 …부터[이후] • 「for+기간」 …동안, 째

Q How long *will* you *stay* in Canada?
얼마나 오랫동안 캐나다에 머무를 건가요?

A *I'll stay* for about *a week*.
저는 약 일주일 쯤 머무를 거예요.

Stay in Canada.

우리말 뜻을 참고하여 영어로 표현하세요.

1 Q 얼마나 오랫동안 캐나다에 머물렀나요?
과거

A 저는 약 일 년 쯤 머물렀어요.
a year

2 Q 얼마나 오랫동안 캐나다에 머물렀나요?
현재완료

A 저는 약 한 달 쯤 머물렀어요.
a month

3 Q 얼마나 오랫동안 캐나다에 머무르고 있나요?
현재완료진행

A 약 이 주 쯤 머무르고 있어요.
two weeks

Review

107-120 그림을 보고 영어로 말해 보세요.

107

108

109

110

111

112

113

114

115

회화에서 유용하게 쓸 수 있는
영어 속담 8

- **Tomorrow never comes.**
  (오늘 하지 않으면) 내일은 결코 오지 않는다.

- **What you sow is what you reap.**
  뿌린 대로 거둔다.

- **Every cloud has a silver lining.**
  모든 구름은 은빛 테두리가 있다. (하늘이 무너져도 솟아날 구멍은 있다.)

- **Only the mousetrap has free cheese.**
  오직 쥐덫에만 공짜 치즈가 있다.

- **You can't have things both ways.**
  둘 다 가질 수는 없다.

"영어로 입이 열리는 감동"

영어 낭독 훈련 실천 다이어리
박광희 • 캐나다 교사 영낭훈 연구팀 지음 | 400쪽(3권 합본) | 18,000원 | MP3 CD 1

**영어로 유창하게 말하고 싶다면
지금 당장 하루 20분 영어 낭독 훈련을 시작하라!**

▶ 수준별 3단계로 구성되어 있어 누구나 쉽게 낭독 훈련에 도전할 수 있게 해 준다.

▶ Picture Telling(사진 보고 설명하기) 20편, Tale Telling(동화 읽기) 15편, Novel Telling(소설 읽기) 15편이 각 권으로 분리되어 있어 휴대 학습이 가능하다.

▶ 예쁜 삽화가 곁들여져 있어 스토리북을 읽듯 부담 없이 100일 영어 낭독 훈련을 완주할 수 있다.

▶ 전문 성우의 정확한 발음과 끊어 읽기가 담긴 MP3 CD가 부록으로 제공되며 사람in 홈페이지(www.saramin.com)에서 무료로 다운로드 가능하다.

▶ 더도 말고 덜도 말고 '하루 20분씩 100일' 동안만 '영낭훈'에 시간을 투자해 보라. 100일 후 굳이 평가나 테스트를 받아보지 않더라도 달라진 자신의 스피킹 실력에 스스로가 놀라게 될 것이다.

주니어 영어 낭독 훈련 시리즈
박광희 • 캐나다 교사 영낭훈 연구팀 지음 | 12,000원 | MP3 CD 1

**낭독과 회화 훈련을 동시에 병행하면서
궁극적으로 스피킹의 기본기를 체득할 수 있는
주니어를 위한 영어 낭독 훈련 교재**

▶ 집과 학교에서 접할 수 있는 실제 생활과 취미, 여가생활에 관한 내용들로 구성했다.

▶ 영어로 설명하고, 대화하는 훈련을 단계별로 실천함으로써 영어 회화의 첫 걸음을 뗄 수 있다.

I Can Talk 시리즈로 영어 낭독을 하면서 입을 열어 보세요.

Level	Picture Talk 사진 보며 말하기	Topic Talk 주제에 대해 말하기
1 (입문 · Beginner)	집과 학교에서 접할 수 있는 생활 모습을 생생하게 포착한 20장의 사진들을 영어로 설명하고, 대화하는 훈련을 합니다.	Picture Talk 1과 관련된 주제에 대해 일관성과 연계성을 가진 텍스트와 함께 스피킹을 효과적으로 학습합니다.
2 (기초 · Basic)	취미 또는 여가생활에 관한 모습을 생생하게 포착한 20장의 사진들을 영어로 설명하고, 대화하는 훈련을 합니다.	Picture Talk 2와 관련된 주제에 대해 일관성과 연계성을 가진 텍스트와 함께 스피킹을 효과적으로 학습합니다.

"영어가 입에서 불어나는 즐거움"

영어 암송 훈련 시리즈

박광희 · 캐나다 교사 영낭훈 연구팀 지음
1권 14,800원 | 2권 12,600원 | 3권 12,800원 |
논어 채근담 13,800원 | 성경 13,800원
부록 : CD 1장 (MP3 파일 + 플래시 카드 PDF)

내 몸이 기억하게 하는 3단계 영어 암송 훈련 시스템!

▶ 암송으로 영어 말문을 효과적으로 열려면 양이 아니라 질이다.

▶ 기초 회화 120문장, 일상 스피치에 필요한 120문장, 의견 · 주장 말하기 120문장, 묘사 · 설명하기 120문장, 질문 · 답변 실전회화문 240문장, 동양 고전 200문장, 성경 구절 200문장을 엄선해서 제시한다.

▶ 플래시카드, 따라 말하기, 통역하기, 이어 말하기, 받아쓰기의 5가지 암송 테크닉을 알려주며 문장을 완전히 '체화'해 강력한 스피킹 DB를 구축하도록 한다.

▶ 눈으로 읽고 귀로 듣는 것에 그치지 않고, 말하는 훈련을 통해 말할 수 있는 영어를 익히도록 이끌어 준다.

주니어 영어 암송 훈련 시리즈

박광희 · 캐나다 교사 영낭훈 연구팀 지음
1~4권 10,000원 | 5~6권 11,000원
부록 : CD 1장 (MP3 파일 + 플래시 카드 PDF)

내 몸이 기억할 때까지 암송해야 스피킹이 폭발적으로 터진다!

▶ 1-2권 (Classroom & Home) 영어 암송 훈련을 처음 시작하는 초등학생.
학교나 가정에서 실용적으로 쓰이는 200문장을 암송 훈련한다.

▶ 3-4권 (Fun & Lifestyle) 영어 암송 훈련에 익숙해지고 관심사가 다양해지는 시기의 초등학생.
친구들과 자신의 취미와 여가활동에 대해 이야기하고 관심사를 나누는 표현들을 암송 훈련한다.

▶ 5-6권 (Language Arts, Social Studies, Music & Math, Science, Art) 영어 암송 훈련에 완전히 익숙해졌고 더 길고 다양한 문장을 영어로 얘기하고 싶은 초등학생.
언어, 사회, 음악, 수학, 과학, 미술 등 미국 및 캐나다의 초등학교에서 배우는 주요 학교 과목들의 내용을 영어로 익힌다.